머신비전 비밀노트

좌충우돌 신입사원 애니의
머신비전 회사 입사 스토리

머신비전 비밀노트

머신비전전문가그룹
(주)앤비젼 지음

바른북스

들어가며

안녕하세요.

앤비젼 창립 20주년을 맞아 "머신비전 비밀노트"를 출간하게 되어 매우 뜻 깊게 생각합니다.

지난 20년간 변화를 두려워하지 않고, 여러 도전과 혁신을 통해 머신비전 분야를 이끌어 온 앤비젼이 이번에 야심차게 출간하는 "머신비전 비밀노트"는 2015년에 출간된 "머신비전 백서"에 이어 두 번째로 선보이는 책입니다.

다년간의 경험과 실전 노하우를 가진 엔지니어들이 머신비전 분야를 처음 접하는 분들께 기초 개념을 쉽게 설명하기 위해 많은 논의와 고민들을 통해 집필하였습니다.

이 책이 머신비전에 발을 내딛는 많은 분들께 도움이 되기를 바라며 새로운 여정을 함께 시작하는 여러분의 도전과 성장을 진심으로 응원합니다.

SUPPORTING YOUR VISION!

감사합니다.

(주)앤비젼 대표이사
김덕표

※ 목차

1장
어서와! 머신비전은 처음이지? 12P

- 머신비전 기초?
- 이미지 센서란?
- 머신비전 카메라에는 어떤 종류가 있을까?
- 라인 스캔계의 넘사벽 : TDI 카메라
- 센서를 분류하는 방법 : CMOS, CCD
- 머신비전은 컬러 카메라도 사용하나요?
- 컬러 카메라계의 끝판왕 : Multifield3 카메라
- 어떤 카메라가 좋은 카메라일까?
  - 노이즈에 대해 알아보자
- 카메라와 PC를 연결해 주는 데이터 케이블
- 프레임 그래버는 뭐죠?
- 머신비전 카메라 데이터시트
- 프레임 그래버 데이터시트

2장
머신비전에서 렌즈의 역할? 80P

- 머신비전에서 렌즈의 역할?
- 머신비전 렌즈 데이터시트
- 개구수(Numerical Aperture)
- 마운트, 이미지 서클, FOV
- Working Distance
- 렌즈의 성능을 평가하는 주요지표 : MTF

5장
자동초점 시스템 & 이미징 모듈은 무엇인가요? 186P

- 자동초점 시스템?
- 레이저 산란 모듈?
- 상하면, 옆면을 동시에 보는 이미징 모듈?
- Inside 360° 광학계?

6장
머신비전 제품을 선정하는 방법? 218P

- 스크래치와 이물 검출을 위한 제품을 선정하라!
- 패턴 검사를 위한 제품을 선정하라!

3장
머신비전에서 조명의 역할?
118P

- 조명을 선정할 때 고려해야 할 점
- 조명은 어떻게 구분할까?
- 이미지 결과
- 조명의 제어 방법-컨트롤러
- 머신비전 조명 데이터시트

4장
머신비전에서 3D검사가 필요한가요?
158P

- 레이저 삼각법?
- 색수차 공초점 측정기?
- 백색광 간섭 측정기?
- 기타 3D 기술에는 어떤 것들이 있나요?
- 머신비전 3D 데이터시트

캐릭터 소개

애니 : 머신비전 세일즈 신입
머신비전에 대해 1도 모른 채 회사 평점 4.4만 믿고 들어온 신입
" 머신비전이란 로봇의 꿈인가요?? "

제이든 : 카메라 담당
온화한 미소로 애니를 가르쳐 주는 카메라 전문가
" 카메라의 기본요소 픽셀부터 알려드리죠! "

머피 : 렌즈 담당
예리한 시각과 분석력이 뛰어난 렌즈 전문가
" 물리포기자여! 다 내게로 오라 "

빌리 : 조명 담당
밝고 활기찬 빛을 다루는 마법사
" 빛을 최적화하여 이미지 품질을 향상시키는 법을 알려드릴게요! "

올라프 : 3D모듈 담당
조근조근 3D 고급 기술에 대해 알려주는 3D 전문가

" 3D 영화처럼 홀로그램으로
알고 계신 분은 컴온! "

비비안 : 이미징모듈 담당
복잡한 광학 모듈도 예시를 통해 쉽게 설명해 주는 전문가

" 애니, 자동초점 모듈은
왜 필요할까요? "

데니 : 어플리케이션 담당
머신비전 최적의 조합을 찾아내는 어플리케이션 전문가

" 최적의 머신비전 조합이란
어떤것인지 알려드릴게요! "

1장
어서와! 머신비전은 처음이지?

머신비젼

1장
어서와! 머신비젼은 처음이지?

 2027년 1월 4일, 애니는 부푼 마음을 가득 안고 앤비젼 사옥을 올려다보았다. 건물 외벽에 비친 쾌청한 하늘과 새하얀 구름은 깨끗하다 못해 투명한 자태를 뽐내며 도시의 시선을 사로잡았다.

 신입 사원으로서 첫 출근.
 애니는 다소 긴장한 표정을 감출 수 없었지만 그녀의 두 눈은 아침 햇살처럼 밝게 빛나고 있었다. 커다란 회전문을 통과해 건물 안으로 들어서자 잘 닦여진 바닥과 높은 천장, 전체적으로 푸른 빛의 색채를 드러내는 로비가 펼쳐졌다. 애니는 더욱 밝은 미소를 지으며 당차게 걷기 시작했다.
 그곳은 활기차게 움직이는 앤비져너들로 가득 차 있었고, 그녀는 자신만의 즐거움을 찾아내듯 유쾌한 눈빛으로 주위를 두리번거렸다. 투명한 유리벽을 통과해 들어온 햇살은 로비 전체를 밝고 따뜻하게 비춰주고 있었다.
 애니는 곧장 6층으로 향하려던 걸음을 돌려 로비를 좀 더 둘러보기로 했다. 이곳 저곳에 그림 같은 정원이 자리해 있었고, 화려한 꽃들 사이로 삼

삼오오 이야기를 나누는 직원들의 모습도 눈에 들어왔다.

조금 더 걸어가자 로비의 중앙에는 원형의 분수대와 정교한 조각상이 자리하고 있었는데, 마치 이 회사의 가치와 업적을 상징하는 듯했다. 애니는 잠시 멈춰 서서 감탄을 자아내었다.

"안녕하세요. 애니! 앤비젼에 오신 것을 환영해요! 저는 오늘 하루 애니에게 앤비젼 안내를 진행하게 될 코코라고 해요! 만나서 반가워요!"

몸에 앤비젼 로고 마크가 박혀 있는 로봇 코코는 마치 애니가 이곳에 서 있을 걸 미리 알고 있었다는 듯이 다가와서 인사를 건넸다.

"엇, 안녕하세요! 신입 사원 애니라고 합니다. 잘 부탁합니다!"

애니는 신입 사원이 되어 코코를 다시 보니 더욱 반가운 마음이 들었다.

"네, 반가워요! 지난번 방문 때는 이곳까지 둘러보지 못하셨죠? 저희 사옥의 이곳 로비와 지하 1층 식당가는 지역 주민들을 위해 개방해 둔 공간이라 평일뿐만 아니라 주말에도 많은 인파가 붐비는 곳이랍니다. 애니가 일할 부서는 6층이에요. 제가 안내해 드릴게요!"

애니와 코코는 6층으로 향했다. 상승하는 엘리베이터 안에서 내려다본 로비의 모습은 다시 한번 가슴을 설레게 해주었다.

어서와
머신비전은
처음이지?

'솔루션영업그룹'.

　6층에 도착한 애니는 코코를 따라 자신의 부서 이름이 적혀 있는 오피스 앞에 도착했다. 코코는 출입문 앞쪽에 위치한 얼굴 인식 시스템에 자신의 얼굴을 스캔하자 출입문이 부드럽게 열렸고, 이내 사무실 안쪽에 설치된 그린월의 산뜻한 시트러스 꽃향기가 코끝에 내려 앉았다. 짧은 복도와 몇 개의 회의실을 지나자 저마다 자리에 앉아 업무에 몰두하는 동료들이 보였고, 코코와 같은 로봇들은 이들이 요청한 업무들을 수행하느라 바쁘게 움직이고 있었다.

코코는 빈 자리를 가리키며 말했다.

"저기가 앞으로 애니가 일하게 될 자리예요. 잠시 앉아있으면 9시에 복도 옆 미팅룸으로 안내해 드릴게요. 머신비전 교육부터 먼저 진행할게요."

그 때 한 남자가 옆을 지나가다가 인사를 건넸다.

"안녕하세요! 애니 맞죠? 반가워요! 저는 비전기술그룹의 제이든이라고 합니다."

애니는 자리에서 일어나 수줍게 인사했다.

"안녕하세요! 반갑습니다. 이번에 수시 채용으로 입사한 솔루션영업그룹 애니라고 합니다."

"제가 이번에 머신비전과 카메라 관련 교육을 담당하게 됐어요. 첫 출근인데 어떠세요? 많이 긴장하신 것 같기도 하고."

애니가 말했다.

"아, 맞아요. 조금 긴장돼요."

제이든이 미소 지으며 말했다.

"처음이라 모든 게 낯설 텐데, 어려움이 생기면 언제든지 말씀하세요. 다들 친절하게 도와주실 겁니다. 그럼 9시에 미팅 룸에서 만나요."

"네, 감사합니다."

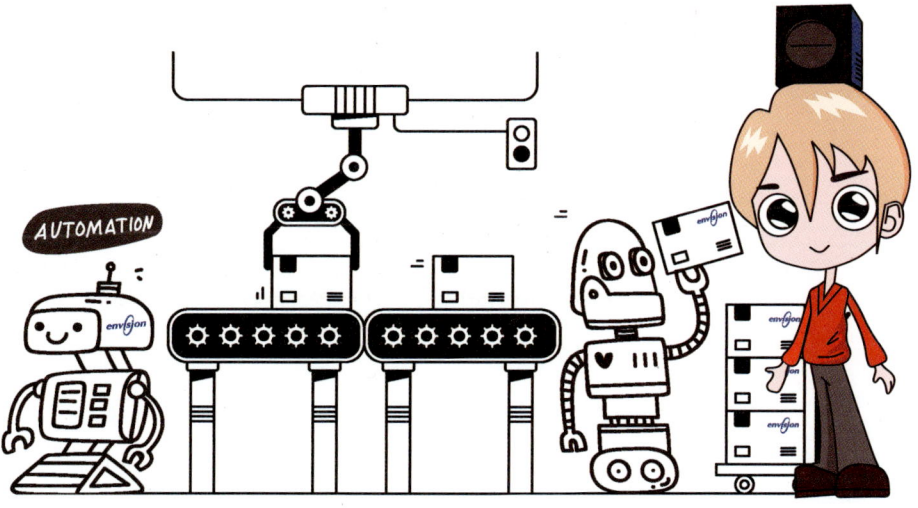

머신비전 기초?

 시간이 흘러 애니는 노트북과 필기구를 챙겨 미팅룸으로 향했다. 도착한 그곳에서 오전에 잠깐 인사를 나눈 제이든을 만날 수 있었고, 첫 교육시간에 임하는 애니의 마음가짐엔 설렘이 가득했다.
 제이든은 시계를 한 번 쳐다본 후 자리에서 일어나 AR 안경을 쓰고, 한 걸음, 한 걸음, 묵직한 발걸음으로 커다란 벽을 향해 다가갔다. 애니는 중앙 빈 자리에 앉았고, 곧 테이블 한 켠에 비치된 AR 안경을 발견할 수 있었다. 호기심 가득한 눈빛으로 집어들어 이리저리 살피고 안경테에 위치한 전원 버튼을 누르며 가볍게 착용했다. 그러자 눈앞에 미팅룸에 대한 여러 디지털 정보가 나타나기 시작했다. 왼쪽, 오른쪽으로 고개를 돌리자 그녀의 시선을 따라 새로운 정보들이 솟아났다. 그리고는 정면에 서 있는 제이든을 바라보자 그의 옆으로 마치 오로라와 같은 빛깔과 함께 신비로운 화면이 펼쳐졌다. 그 중앙에는 다음과 같은 문구가 적혀 있었다.
'머신비전 기초'
'기초 교육부터 시작하는구나. 드디어 첫 교육이네. 근데 머신비전이 뭐지? 머신비전 업계에서 일해보겠다고 했지만 아직도 많이 낯설어.'
"애니! 제 소개는 아까 해드렸으니 바로 교육을 시작하죠. 첫 번째 교육으로 머신비전에 대한 내용을 개괄적으로 다루려고 해요. 머신비전이 무엇인지부터 차근차근 함께 살펴보도록 해요!"
 제이든은 말을 계속 이어나갔다.
"머신비전은 현대 기술이 발전함에 따라 더욱 중요해지고 있는 산업 분야 중 하나입니다. 머신비전이란 카메라와 광학계, 그리고 컴퓨터를 활용해서 시각적 정보들을 수집하고 이것을 의미 있는 데이터로 처리하는 기술을 말해요. 조금 더 쉽게 설명하자면, 카메라와 컴퓨터가 사람을 대신해서 물체를 관찰하여 분석하고 판단하는 일을 하게 만든거죠. 시각 정보를 활용해

카메라와 컴퓨터가 인간의 일을 대신하는 것

제품을 검사하는 일을 '비전 검사'라고 하는데요. 과거에는 시각 정보를 활용해 제품의 외관을 검사하거나 치수를 재는 일은 사람이 일일이 살펴볼 수밖에 없었어요. 그런데 인간의 시각이나 판단력은 얼마든지 실수를 범할 여지가 있고, 비전 기술이 발전함에 따라 더 복잡하고 빠른 검사가 요구되면서 컴퓨터와 기계로 대체되었답니다. 현재는 이러한 제조 산업 자동화뿐만 아니라 물류, 의료, 농업, 보안, 우주 산업에 이르기까지 다양한 분야에서 머신비전을 적용하고 있어요."

애니는 노트북을 열어 열심히 타이핑했고, 제이든은 설명을 이어나갔다.

"머신비전은 결국 이미지를 잘 획득해서 그 데이터를 처리하는 과정이라고 볼 수 있는데요. 이 과정을 잘 수행하기 위해선 몇 가지 머신비전 구성 요소들이 필요하답니다. 이번 시간에는 각 요소들의 간단한 역할 정도만 소개할게요.

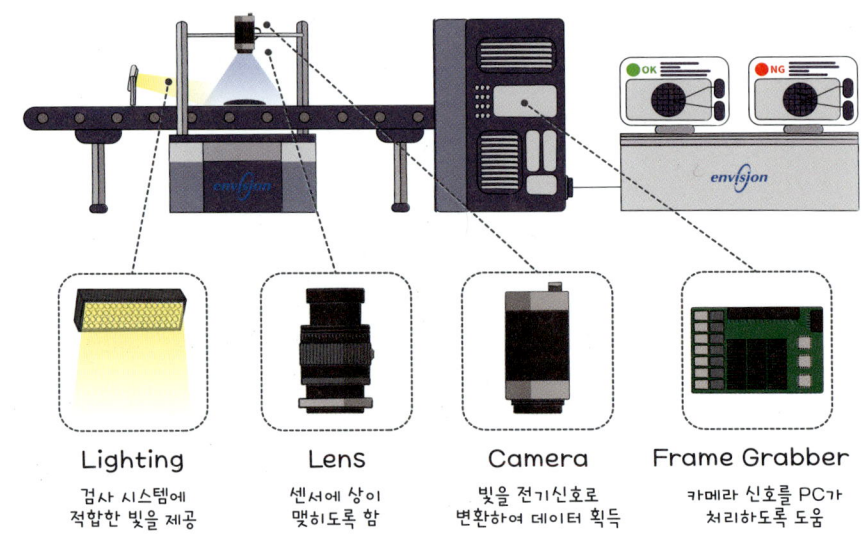

Lighting — 검사 시스템에 적합한 빛을 제공

Lens — 센서에 상이 맺히도록 함

Camera — 빛을 전기신호로 변환하여 데이터 획득

Frame Grabber — 카메라 신호를 PC가 처리하도록 도움

첫 번째로는 조명입니다. 시각 정보를 얻어야 하는데, 주변이 깜깜하다면 아무것도 볼 수 없겠죠? 조명은 물체에 충분한 빛을 제공하여 표면에서 투과, 반사 또는 산란됨으로써 시각 정보의 원천을 제공해 주는 역할을 해요.

다음으로는 렌즈예요. 물체에서 반사된 빛은 결국 카메라에 전달되어야 하는데, 렌즈는 빛을 카메라로 인도해 주는 길잡이 역할을 합니다. 빛의 경로를 적절히 변화시켜 물체의 상을 확대하거나 축소하기도 하죠.

그다음 요소는 카메라입니다. 빛이 렌즈를 통과해 카메라에 도착하면 카메라 내부에 있는 이미지 센서에서 이 빛을 전기 신호로 변환시켜 줍니다. 시중에 판매되는 디지털 카메라의 렌즈를 분리하여 카메라 내부를 들여다보면 네모난 작은 전자부품을 볼 수 있는데요. 그게 바로 카메라의 핵심 소자인 이미지 센서입니다.

마지막으로는 프레임 그래버인데요. 이름 자체가 많이 낯설겠지만, 이 녀석의 역할은 카메라에서 보내온 데이터를 컴퓨터에서 처리할 수 있도록 도와주는 일을 해요. 카메라에서 전달하는 데이터의 전송 속도나 전송 방식에 따라 그에 상응하는 다양한 종류의 프레임 그래버들이 있답니다.

이 밖에도 각각의 요소들을 결합해주는 모듈 기술이나 이들을 운용하는 컴퓨팅 기술도 있어요. 보다 깊이 있는 내용에 대해서는 우리 회사에 전문가 분들이 많이 계시니 그분들과 함께 천천히 하나씩 배워 가보도록 해요."

제이든은 AR 안경을 통해 화면과 애니를 번갈아 바라보며 말했다.

"결론적으로 머신비전을 이루고 있는 각각의 구성 요소들이 어떻게 상호 작용을 하는지 이해하는 것이 머신비전 산업 분야의 핵심이라고 할 수 있어요. 말씀드린 것처럼 머신비전은 관심 대상의 시각 정보를 다루는 기술이기 때문에 응용 분야나 성장 가능성이 매우 큰 산업입니다. 이번 교육을 계기로 머신비전에 대해 전반적으로 이해하신다면, 앞으로 이 분야의 발전 과정을 함께 지켜보는 데에 큰 도움이 되실 거예요."

 이미지 센서란?

제이든은 뭔가 잊은 듯한 표정으로 잠시 멈추더니, 곧 입을 열었다.

"아, 그러고보니 음료라도 한 잔 마시면서 해야 하는데 깜빡했네요. 어떤 음료 마실래요?"

로봇 코코를 호출해 음료 두 잔을 주문했다. 5분 뒤, 로봇 코코는 제이든이 주문한 음료를 미팅룸으로 배달해 주었다. 제이든과 애니는 음료를 받아 들고, 잠시 쉬는 시간을 갖기로 했다.

"애니는 평소 카메라에 관심이 많으셨나요?"

그의 물음에 애니가 답했다.

"네, 사진 찍는 걸 좋아해서 최근에 디지털 카메라도 새로 구매했어요. 무조건 비싼 걸 살 수는 없어서 이것저것 따져봤는데, 알아보니 결국 카메라 안에 있는 센서가 핵심이더라고요."

제이든이 말했다.

"오, 맞아요. 머신비전에서 사용하는 카메라도 결국 센서 기술이 핵심이거든요. 이번 기회에 이미지 센서에 대해서 많이 공부하셨겠네요."

애니가 말했다.

"그렇기는 한데, 어려운 용어가 너무 많았어요. 결국 친구가 추천해 준 제품으로 사게 됐죠."

제이든이 말했다.

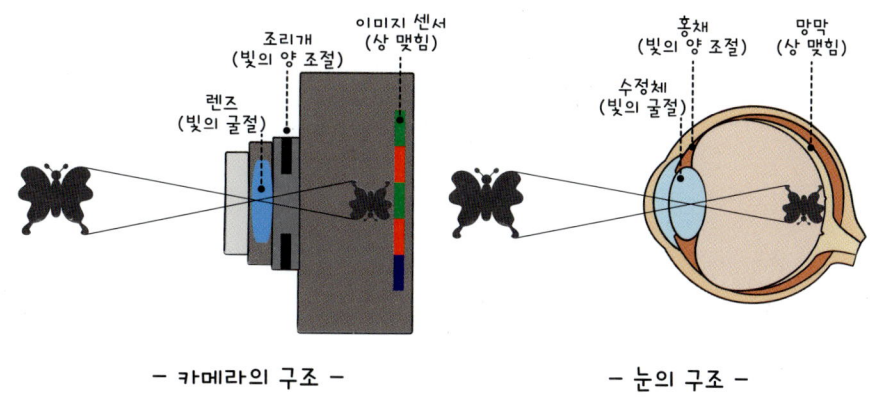

- 카메라의 구조 -   - 눈의 구조 -

"너무 어렵게 생각할 필요는 없어요. 이미지 센서는 마치 사람의 눈 속에 있는 망막과 같아요. 망막에 맺힌 빛이 전기신호로 바뀌어 뇌로 전달되는 것처럼, 카메라 속에 이미지 센서도 센서에 도달한 빛을 전기 신호로 변환해서 컴퓨터가 처리할 수 있도록 하죠. 이러한 센서들은 다양한 파장대의 빛을 감지할 수 있어서 가시광선뿐만 아니라 적외선, 자외선과 같이 다양한 파장의 빛을 처리할 수 있어요. 그 외에도 이온이나 전자와 같은 전하를 띈 입자를 활용한 센서도 존재하는데, 머신비전 분야에서는 잘 다루지 않고 있답니다."

애니는 호기심 가득한 눈으로 제이든을 쳐다봤다.

"아, 그렇군요! 그럼 그 빛이 어떻게 이미지로 바뀌는 거죠?"

"그건 픽셀(Pixel)이 해결해 줘요. 한 번쯤 들어본 적 있으시죠? 이미지 센서를 크게 확대해서 들여다보면 아주아주 작은 격자들로 이루어진 것을 볼 수 있는데요. 이 격자를 이루는 작은 사각형 하나를 Picture element, 줄여서 'Pixel'이라고 해요. 이런 작은 픽셀들이 모여서 전체의 이미지를 구현하는 방식이기 때문에 모자이크 기법과 유사하다고 볼 수 있어요. 그렇기 때문에 픽셀의 개수가 많을수록 이미지를 더 세밀하게 볼 수 있겠죠?"

애니는 이해한 듯이 테이블을 가볍게 치며 말했다.

"그래서 사람들이 스마트폰을 살 때 카메라 화소 수를 따지는 이유가 여기 있었군요!"

제이든이 말했다.

"그렇죠! 충분한 양의 픽셀이 있어야 이미지를 잘 그려낼 수 있으니까요. 센서에 포함된 픽셀들의 총 개수를 해상도라고 하는데, 고화소의 카메라를 다르게 표현하면 높은 해상도를 가진 카메라라고 말할 수 있어요."

카메라 이미지 센서를 구성하는 작은 사각형

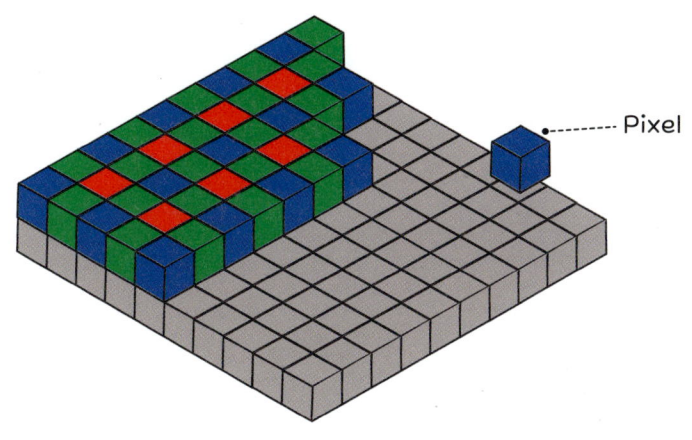

애니가 자신의 스마트폰을 내려다보며 물었다.

"아하, 그런데 삼성의 갤럭시랑 애플의 아이폰은 카메라 화소 수가 서로 비슷한 것 같은데, 실제로 두 카메라에서 찍은 사진들은 뭔가 느낌이 다른 것 같거든요. 왜 그런거예요? 정말 감성의 차이인가요?"

제이든이 미소 지으며 말했다.

"좋은 질문이에요. 아마도 그런 차이는 이미지를 획득한 후에 후처리하는 과정에서 두 회사의 방식이 다르기 때문일 텐데요. 카메라의 성능 측면에서만 본다면, 해상도(또는 화소 수) 이외에도 여러가지 지표들을 비교해서 카메라의 성능과 특징을 이야기할 수 있답니다. 대표적으로 양자 효율, 선형성, 노이즈 특성, 다이나믹 레인지 등이 있죠."

애니는 챙겨왔던 볼펜을 꺼내 들어 말했다.

"아, 그렇군요! 그게 다 뭐예요? 궁금해요."

제이든이 웃으며 말했다.

양자효율? 노이즈? 선형성? 다이나믹 레인지?
카메라 성능을 평가하는 지표

"하하, 이 자리에서 다 설명하기는 어려울 것 같고요. 그래도 말이 나온 김에 간단히 한 문장으로 요약해서 말씀드릴게요. 먼저, 양자 효율은 빛을 전기 신호로 얼마나 효율적으로 변환하는지를 나타내는 지표예요. 다음으로, 선형성은 입력된 신호에 대한 센서의 출력이 얼마나 일정한지를 나타내고요. 또, 노이즈 특성은 센서가 빛을 감지할 때 발생하는 잡음 수준을 나타내는 지표, 다이나믹 레인지는 센서가 어두운 영역과 밝은 영역을 얼마나 세밀하게 표현할 수 있는지를 말해요. 이러한 성능 지표들이 높은 값을 가질수록 더 뛰어난 품질의 이미지를 생성할 수 있답니다."

제이든이 단숨에 설명을 마치자 애니는 미쳐 다 받아 적지 못하고 대답했다.

"그렇군요. 그런데 무슨 말인지 하나도 모르겠어요. 하하하."

"그죠, 저도 처음에 이해하는 데 꽤나 애먹었거든요. 하지만 방금 말씀드린 성능 지표들은 카메라와 센서를 이해하는 데 매우 중요하니까 나중에 자세히 다뤄 볼 기회가 있을 거예요."

제이든은 커피를 한 모금 마신 뒤, 다시 AR 안경을 쓰고 곧장 화면 앞으로 다가가 말문을 열었다.

"조금 전 잠깐 소개해 드린 것처럼 이미지 센서는 센서 표면에 도달한 빛을 전기적 신호로 변환하는 역할을 하는데요. 이러한 변환 과정을 몇 가지 단계로 나누어서 조금 더 자세히 살펴볼게요."

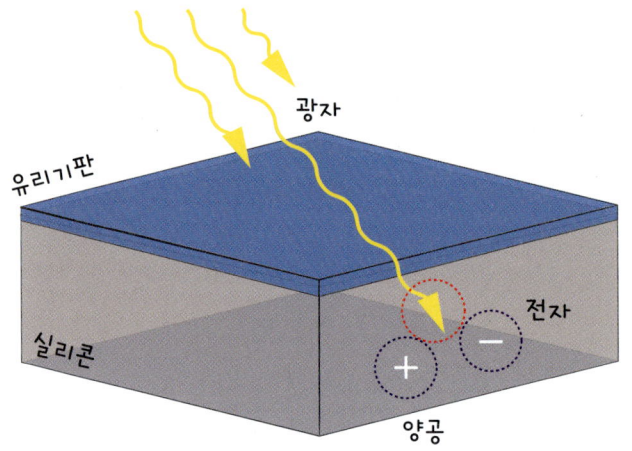

"첫 번째로 픽셀 내부에 도달한 빛은 전자로 전환되는 과정을 거쳐요. 금속이나 반도체에 빛이 흡수되면 빛 에너지는 전자로 전환되는데, 이를 '광전효과'라고 부른답니다. 처음 듣는 단어일 수 있지만, '광전'이라는 단어에서 각각 '빛'과 '전자'를 떠올리면 쉬워요. 전자에 대해 먼저 말하자면, 전자는 전하를 띤 입자죠? 작은 알갱이처럼요. 즉, 빛이 어떠한 입자로 전환된다는 말인데, 이런 과정에서 이 빛도 전자와 마찬가지인 하나의 입자로 간주하곤 합니다."

'빛이 입자라고? 작은 알갱이?'

애니는 속으로 의아해하며 생각했다. 제이든이 설명을 이어나갔다.

"빛이 입자라는 건 당장 받아들이기 어려울 수 있어요. 하지만 이미 오래전 아인슈타인이라는 물리학자가 실험적으로 증명한 사실이랍니다.

빛은 파동의 성질과 입자의 성질을 둘 다 가지고 있지만, 이 단계에선 그렇구나 하고 받아들이는 편이 좋겠네요. 어쨌든 이렇게 입자로서의 빛을 지칭하여 '광자(Photon)'라고 부릅니다. 사실 픽셀 내부에 도달한 모든 빛이 다 전자로 전환되는 것은 아니고, 픽셀 소자의 재료에 따라 광전효과가 일어나는 빛의 파장이 달라져요. 예를 들어, 실리콘을 주재료로 사용한 픽셀의 경우 1100nm(나노미터) 이하의 파장을 가진 빛만이 광전효과를 일으키죠."

이미지 센서? 센서 표면에 도달한 빛을 전기적 신호로 변환

제이든이 다음 화면으로 전환했다. 화면 속에는 양동이가 비를 담아내는 장면이 나타났다.

"두 번째로는 전자를 모으는 단계입니다. 여기서는 픽셀의 용량에 대해 이야기해 볼 텐데요. 이해를 돕기 위해 픽셀을 양동이에, 빛을 빗방울에 빗대어 설명하겠습니다. 픽셀은 마치 양동이가 빗물을 담듯이 빛에 의해 생성된 전자를 담아둘 수 있어요. 이때, 비가 거세게 내리거나 또는 오랜 시간 빗방울을 받아낸다면 양동이에 담긴 물의 양은 점점 많아지겠죠? 이와 같이 픽셀도 밝은 조명과 함께 사용하거나 또는 센서가 빛을 담아내는 노출 시간이 길어지면 픽셀은 더 많은 전자를 얻게 되고 이것은 더 밝은 이미지를 표현할 수 있는 원천이 됩니다. 하지만 양동이의 용량에 제한이 있듯이 픽셀도 너무 강한 빛을 쬐거나 노출 시간이 과도하게 길어지면 픽셀 내부에 전자가 포화되어 그 이상의 더 밝은 이미지를 표현할 수 없게 되기도 합니다. 이것을 포화상태(Saturation)라고 해요.

마지막으로, 전자를 전송하는 단계입니다. 이 단계를 'Readout'이라고 불러요. 우리말로 '판독'이라고 하는 경우도 있지만 대체로 '리드아웃' 그대로 불리는 편입니다. 각 픽셀에 쌓인 전자는 어떠한 방식으로든 주기적으로 비워내야만 하는데요.

Readout?
픽셀에서 수집된 전기 신호를 디지털 신호로 변환하는 것

그래야 앞서 설명 드린 포화 상태를 방지할 수 있고, 비워진 픽셀에 새로운 빛에 의한 전자를 다시 채우면서 그 다음 이미지를 순차적으로 얻을 수 있거든요. 각 픽셀에 쌓인 전자들은 리드아웃 단자까지 직접 전송되거나 픽셀 내부 소자에 의해 전기신호로 전환된 후 전송되기도 합니다. 양동이로 다시 비유하자면, 양동이에 담긴 물 자체를 그대로 전달할 수도 있고 또는 양동이에 쌓인 물의 높이를 눈금으로 읽어내어 이 정보를 전달할 수도 있습니다. 컴퓨터는 픽셀로부터 전달 받은 신호의 세기를 측정해 각 픽셀에 도달했던 빛의 양을 거꾸로 추론해 냅니다. 이렇게 전자를 처리하고 전송하는 방식에 따라 센서의 종류가 나뉘는데, 대표적으로 CCD 센서와 CMOS 센서가 있습니다. 이 부분에 대해서는 센서의 종류 파트에서 더 자세히 살펴볼게요."

머신비전 카메라에는 어떤 종류가 있을까?

제이든은 테이블 위에 올려져 있던 상자에 손을 넣어 무언가를 꺼내 들었다. 그의 양손에는 직육면체 형태의 손바닥만 한 작은 전자제품이 하나씩 들려 있었고, 겉면에 각각 1번, 2번 스티커가 붙어 있었다.

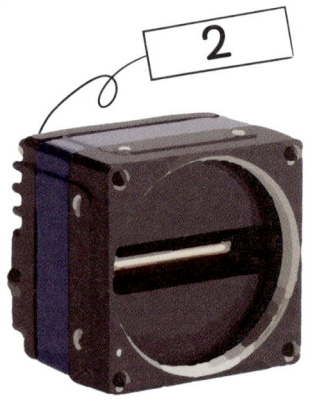

- Area Scan 카메라 -   - Line Scan 카메라 -

"우리 회사에서 취급하는 많은 카메라들 중에 두 개만 가져와 봤어요. 이번에는 카메라의 종류에 대해 이야기해 볼까 해요."

그는 자신이 들고 있던 카메라를 애니의 노트북 가까이 올려두었고, 덕분에 그녀는 제품을 더 자세히 관찰할 수 있었다.

제이든이 말했다.

"자, 여기 번호가 적힌 두 카메라의 차이점을 말씀해 보시겠어요?"

애니는 카메라를 조심스럽게 들어 올려 천천히 살펴보았다. 서로의 크기와 디자인, 접합부 등이 달라 보였지만 왠지 그의 질문의 의도와는 거리가 있을 것이라고 생각했다. 애니는 곧 카메라의 전면부를 보며 눈에 띄는 차이를 발견할 수 있었다.

"여기 전면부를 보니까 1번 카메라는 사각형 형태로 뚫려 있고, 2번 카메라는 일자로 뚫려 있어요."

제이든이 웃으며 말했다.

"네, 잘 찾으셨네요! 머신비전 분야에 사용되는 카메라를 구분하는 기준은 여러 가지가 있지만, 크게 센서 형태에 따른 분류와 전하 전송방식에 따른 분류로 나눌 수 있습니다. 각 분류에 따른 특징과 장단점을 잘 이해하는 것이 머신비전 카메라를 이해하는 데 매우 중요한데요. 애니가 발견한 차이점은 바로 센서 형태의 차이랍니다."

그는 화면을 보며 설명을 이어나갔다.

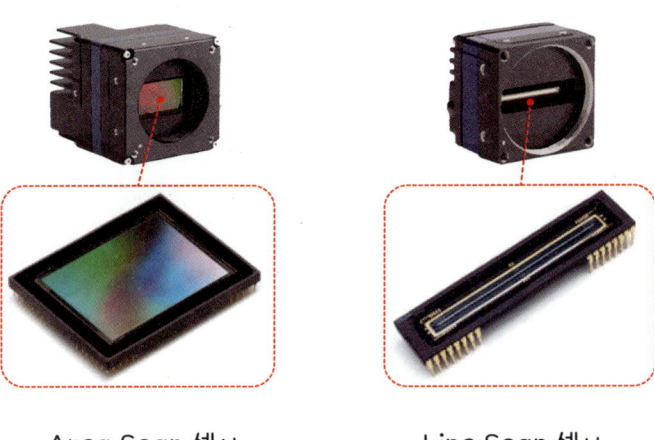

- Area Scan 센서 -   - Line Scan 센서 -

"카메라의 센서 형태에는 어떤 것들이 있을까요? 가장 먼저 떠올릴 수 있는 건 아마 1번 카메라와 같은 사각형 모양일 것 같아요. 가로와 세로 방향, 즉 2차원 픽셀 배열을 갖는 센서를 탑재한 카메라를 에어리어(Area) 스캔 카메라라고 합니다. 에어리어 스캔 카메라는 우리에게 친숙한데요. 이번에 애니가 구매하신 디지털 카메라나 스마트폰에 내장된 카메라 모두 에어리어 스캔 카메라에 속해요. 한 장 한 장 사진을 찍어내듯이 2차원 이미지를 획득하는 거죠."

그는 화면을 전환하며 말했다.

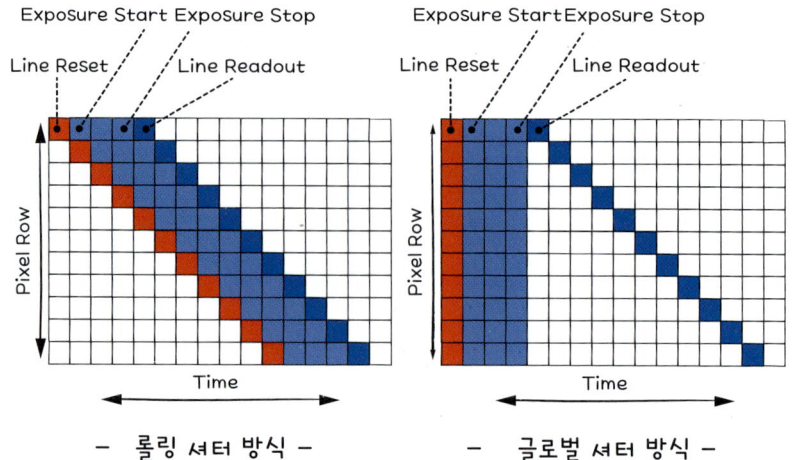

- 롤링 셔터 방식 -   - 글로벌 셔터 방식 -

"에어리어 스캔 카메라는 다시 두 가지로 분류할 수 있어요. 셔터의 동작 방식에 따라 롤링 셔터와 글로벌 셔터로 나눕니다. 롤링 셔터 방식의 센서는 센서의 맨 윗줄부터 맨 아랫줄까지 한 줄씩 순차적으로 노출이 진행됩니다. 마치 어떤 화가가 인물화를 그리는데 맨 윗줄부터 가로로 한 줄 씩 그려나간다고 상상해 본다면 이해가 되실 거예요.

이때, 만약 도중에 모델이 자세를 바꾼다면 어떨까요? 최종적으로 얻게 되는 이미지는 왜곡될 수밖에 없겠죠? 이러한 동작 방식 때문에 롤링 셔터는 빠르게 움직이는 물체에는 적합하지 않습니다. 롤링 셔터의 단점을 보완한 것이 바로 글로벌 셔터입니다. 글로벌 셔터 카메라는 모든 픽셀이 동시에 노출을 시작하고 이를 각 픽셀의 내부 소자에 저장해 두었다가 이미지를 만들어 냅니다. 모든 픽셀이 같은 시간 동안 노출을 끝마쳤기 때문에 물체가 이동하더라도 이미지의 왜곡이 발생하지 않게 되죠. 하지만 글로벌 셔터는 전하를 저장하는 역할을 하는 소자가 픽셀 내부 공간을 일부 차지하기 때문에 그만큼 빛에 감응하는 면적은 줄어들어 롤링 셔터에 비해 빛에 덜 민감하다는 단점이 있습니다."

제이든은 다음 화면을 보여주며 말했다.

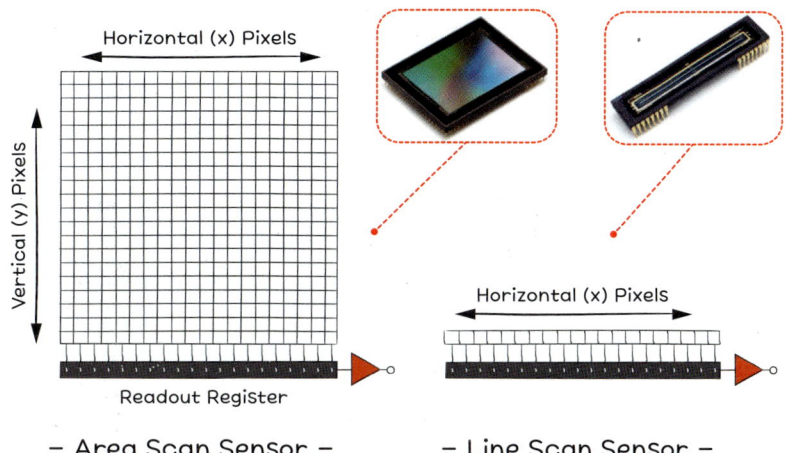

- Area Scan Sensor -   - Line Scan Sensor -

"다음으로는 라인 스캔 카메라입니다. 이름에서 알 수 있듯이 직선 형태의 센서를 가진 카메라입니다. 이렇게 가느다란 형태의 센서로 어떻게 네모난 이미지를 만들어 낼지 한번 상상해 보시겠어요? 이 카메라의 촬영 방식은 복사기의 스캔 방식과 유사합니다. 센서의 수직 방향으로 카메라가 이동해야 하죠. 또는 물체가 대신 이동해도 좋습니다. 카메라나 물체가 일정한 속도로 이동하면서 스캔하게 되면 선들이 모여 면적이 되듯이 2차원 이미지가 만들어집니다. 라인 스캔 카메라는 에어리어 스캔 카메라에 비해 더 적은 양의 픽셀 수로 넓은 면적을 촬영할 수 있다는 장점이 있어요. 하지만 단점으로는 밝은 이미지를 얻기에 다소 제한이 있습니다. 밝은 이미지를 얻으려면 천천히 스캔해서 물체에서 반사된 빛을 충분히 받아들일 시간을 확보해야 하는데, 이미지 밝기와 검사 시간은 서로 상충관계에 있어 검사 시간은 길어지게 되는 것이죠. 이와 같이 에어리어 스캔 카메라와 라인 스캔 카메라는 촬영 방식에 뚜렷한 차이를 보이기 때문에 이들의 특징을 잘 이해한다면 다양한 산업 분야에 필요한 카메라를 선정하고 적용하는 데 큰 도움이 될 수 있어요."

 ## 라인 스캔계의 넘사벽 : TDI 카메라

제이든은 테이블 위에 올려 둔 박스에서 또 다른 카메라를 더 꺼내들었다.

- 일반 Line Scan 카메라 -   - TDI Line Scan 카메라 -

"자, 다음은 우리 회사의 자랑이자 대표 제품 중 하나인 TDI 카메라에 대해 알아보겠습니다. 여기 화면에서 오른쪽에 있는 카메라가 TDI 카메라입니다. 겉모습은 왼쪽에 있는 일반 라인 스캔 카메라와 비슷한 외형을 가지고 있죠? TDI 카메라는 기존 라인 스캔 카메라의 약점을 보완하려고 개발된 카메라인데요.

외형은 비슷하지만 내부를 들여다보면, 일반 라인 스캔 카메라와 달리 적게는 수십에서 많게는 수백 개의 라인 센서가 내장된 카메라입니다. 그러면 지금부터 TDI 카메라는 어떻게 동작하는지, 그리고 라인 센서의 수가 많으면 일반 라인 센서 카메라 대비 어떤 이점이 있는지 한번 살펴볼게요.

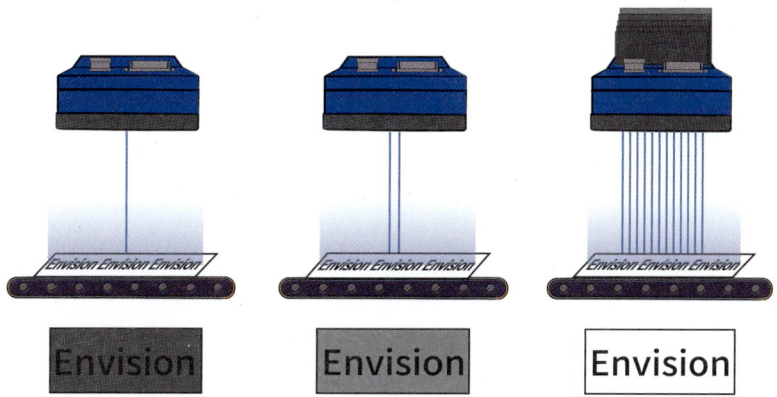

- Single Line Scan -   - Dual Line Scan -   - TDI Line Scan -

자, 여기 화면을 같이 봅시다. 세 종류의 카메라가 있네요. 왼쪽부터 싱글 라인 스캔 카메라, 듀얼 라인 스캔 카메라 그리고 TDI 라인 스캔 카메라가 있습니다. 세 가지 카메라에는 각각 동일하게 'Envision'이라는 글씨가 적힌 흰 종이가 컨베이어 벨트 위로 지나가며 촬영되고 있고, 각 카메라에서 획득한 이미지가 아래에 표현되어 있습니다. 그런데 결과물을 보니 동일한 조건에서 촬영했음에도 불구하고 서로 다르게 나타났네요. 왼쪽에 일반 라인 스캔 카메라로 촬영한 영상은 배경이 어두워서 글씨가 또렷하게 보이지 않는 것 같아요. 왜 이런 일이 벌어진 걸까요? 원인을 찾아보자면 아마도 물체를 비추는 조명이 너무 어둡거나 또는 물체가 너무 빠르게 지나가는 바람에 센서가 충분한 빛을 저장하지 못했기 때문일 겁니다. 이 문제를 해결하려면, 빛이 부족한 만큼 조명의 밝기를 더 높이거나 또는 물체를 천천히 이동해서 센서의 노출 시간을 길게 가져가야 할 텐데 아무래도 조명 기술력이나 검사 시간 효율 측면에서 한계가 있다 보니 극복하기 어려운 경우가 종종 있습니다. 그래서 라인 스캔 카메라 사용자들은 늘 이러한 고민을 하고 있어요. '더 밝은 조명을 구매해야 하나? 빛에 더 민감한 카메라는 없을까?' 같은 고민 말이죠.

화면 가운데 위치한 듀얼 라인 스캔 카메라는 이 문제를 다소 극복해 냈습니다. 물체는 한 번 지나갔지만, 센서가 두 줄이라서 동일한 이미지를 두 번 획득하게 되었거든요. 이렇게 얻은 두 개의 이미지의 밝기를 더하면 마치 노출 시간이 두 배로 늘어난 것과 같아서 밝기 개선 효과를 볼 수 있는 것입니다. 그러면 이제 두 개의 라인 센서에서 그치지 말고 수십 개 혹은 수백 개의 라인 센서를 붙여서 효과를 극대화해 볼까 라는 생각에서 시작한 것이 바로 TDI 라인 스캔 카메라입니다.

그런데 단순히 수백 개의 라인 센서를 늘어뜨려 놓는다고 해서 제품이 잘 동작하는 것은 아니었습니다. 왜냐하면 물체가 지나가는 속도에 맞춰서 라인 센서가 차례차례 순서대로 동작해야 하는데 그 타이밍을 맞추기가 쉽지 않았거든요. 만약에 타이밍을 고려하지 않고 수백 개의 라인 센서가 모두 동시에 노출하며 동작한다면 사실 에어리어 스캔 카메라와 다를 게 없겠죠. 타이밍을 고려해도 그 정확도가 조금만 어긋나면 그만큼 이미지가 찌그러지거나 늘어날 것입니다. 이런 상황은 마치 수백 명의 사진 기사가 좌우로 길게 서서 그 앞을 지나가는 코끼리의 코를 노리고 사진을 찍는 것과 같아요.

각 사진 기사는 코끼리 코가 자신의 앞을 지나가는 순간에 맞춰 셔터를 눌러야 하는데, 이 타이밍이 어긋난다면 코끼리의 코가 아닌 엉뚱한 부위를 찍게 될 테고, 나중에 사진들을 모두 모아 한 장으로 합성했을 때 결과물에 오류를 남기겠죠. 그래서 이렇게 물체가 움직이는 속도에 잘 맞춰서 각 라인 센서가 시차를 가지고 촬영한 뒤 한 장으로 병합하는 방식을 Time Delayed Integration, TDI로 명명하게 되었답니다. 우리말로 직역하자면, 시간을 지연하여 이미지 신호를 누적한다는 뜻이죠."

TDI? 시간을 지연하여 이미지 신호를 누적한다.

애니는 고개를 한 차례 끄덕인 후에 가볍게 손을 들어 말했다.

"질문이 있습니다. 피사체의 이동 속도와 각 센서의 노출 시작 타이밍이 잘 맞아야 하는 건 알겠어요. 그런데 만약 물체가 도중에 빨라지거나 느리게 이동하면요? 코끼리가 갑자기 빨리 이동하면 타이밍을 놓칠 수도 있지 않을까요?"

제이든이 웃으며 말했다.

"맞아요! 그런 경우엔 사진 기사들이 당황해서 제때 촬영하지 못할 수도 있는데, 실제로 그러한 일이 TDI 카메라에서도 벌어집니다. 뭐, 센서가 당황한다는 뜻은 아니고 물체가 점점 빨라지거나 느려지는 것까지 센서가 지능적으로 반응할 수는 없기 때문에 이런 상황에서는 결과적으로 이미지에 변형이 발생하게 되죠. 결국, 이러한 속도 변화에 따른 민감도는 라인 센서의 수가 많을수록 더 증가하게 됩니다.

지금까지 내용을 정리하면, TDI 카메라는 많은 수의 라인 센서를 탑재해 밝기가 부족한 환경에서도 빠르게 물체를 스캔할 수 있는 강점을 가지고 있습니다. 기술의 핵심은 수백 개에 달하는 라인 센서들이 물체에 이동 속도와 동기화되어 작동하는 것인데, 카메라가 얼마나 빠르고 정확하게 이 타이밍을 맞추는지에 따라 제품의 성능이 결정된다고 볼 수 있겠습니다."

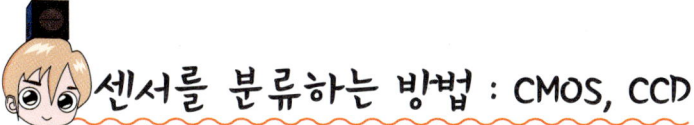

센서를 분류하는 방법 : CMOS, CCD

제이든이 커피를 한 모금 마신 뒤 다음 슬라이드를 띄웠다.

"자, 이번엔 전하 전송 방식에 따라 센서를 분류해 보겠습니다. 전자를 전송하는 단계를 뭐라고 불렀는지 기억하시나요?"

애니가 잠시 고민한 뒤 답했다.

"음, '리드아웃'이요."

"맞아요. 지금 살펴볼 내용은 광전효과에 의해 만들어진 전자를 픽셀에서 어떻게 처리하는지 그 방법의 차이라고 보시면 좋겠어요. 크게 두 가지로 나눌 수 있는데요. 하나는 CCD(Charge-Coupled Device), 다른 하나는 CMOS(Complementary Metal Oxide Semiconductor) 입니다.

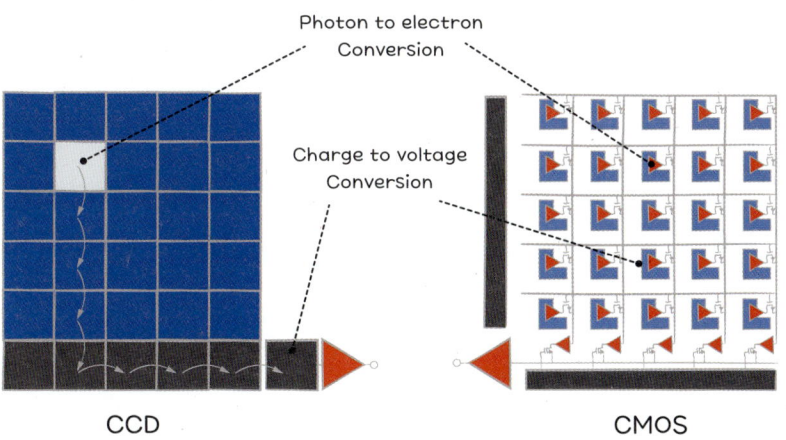

그럼 먼저 CCD 센서부터 간단히 살펴볼까요? CCD 센서는 각 픽셀에서 생성된 전하 자체를 다음 픽셀로 직접 전송하는 방식으로 동작합니다. 아까 제가 픽셀을 양동이에 비유 했던거 기억하시죠? 양동이의 담긴 물의 양을 측정한다고 할 때, CCD는 양동이에 담긴 물 자체를 직접 옮기면서 양을 측정합니다. 즉, 전하의 양(전류)을 기반으로 리드아웃이 진행되면서 전하의 양을 측정하고 이를 통해 픽셀에 도달했던 빛의 세기를 추정하는 거죠.

다음으로 CMOS 센서는 CCD 센서와 달리 각 픽셀 마다 작은 트랜지스터 소자가 탑재돼 있어요. 이 트랜지스터는 각 픽셀에서 생성된 전자를 전압으로 변환하는 역할을 하고, 센서는 이 전압의 세기를 기반으로 리드아웃이 진행되면서 샘플링합니다. 양동이에 다시 빗대어 보자면, 양동이에 눈금이 새겨져 있어서 눈금의 값을 읽어내어 물의 양을 측정하는 거죠. CCD와 달리 CMOS는 물을 직접 옮기는 방식이 아니기 때문에 정보를 읽어내는 데 걸리는 시간이 훨씬 단축됩니다. 굳이 트랜지스터까지 사용하면서 전자를 전압 신호로 변환하는 이유가 바로 여기에 있죠. 또한 CCD 대비 상대적으로 낮은 전력을 소모하는 장점도 있습니다. 하지만, 픽셀 영역의 일부를 트랜지스터가 차지하기 때문에 빛을 수급하는 면적이 그만큼 줄어들어 빛에 감응하는 면적은 상대적으로 줄어들게 됩니다. 다시 말해, 민감도(또는 감도)가 작다고 할 수 있겠네요. CMOS 센서는 이러한 물리적 한계를 보완하기 위해 각 픽셀의 상부층에 작은 렌즈를 두어 빛을 모아 픽셀에 담아냅니다.

과거에는 CCD 센서의 높은 감도와 CMOS 센서 소자 기술 한계로 인해 고품질의 이미지 획득이 필요한 분야에는 CCD 카메라가 더 선호되어 왔어요. 하지만 최근 기술의 발전으로 CMOS 센서도 CCD 센서만큼의 성능에 도달했고, 더 낮은 전력 소모와 가격 경쟁력까지 갖추면서 머신비전 분야에서는 CMOS 센서의 수요가 CCD 센서를 추월하게 되었습니다."

 ## 머신비전은 컬러 카메라도 사용하나요?

 제이든은 곧장 다음 화면으로 전환했다.
"다음은 컬러 카메라에 대해 알아보겠습니다. 우리 일상에서는 스마트폰 카메라와 같이 컬러 이미지를 구현해 내는 카메라가 아주 보편적인데요. 머신비전 산업에서는 컬러 카메라보다는 모노크롬(흑백) 카메라, 줄여서 모노 카메라가 더 많이 사용됩니다. 아무래도 모노 카메라의 가격이 컬러 카메라보다 같은 성능 대비 더 저렴하기 때문이죠.

- Mono 카메라로 촬영 -   - Color 카메라로 촬영 -

하지만 PCB, 반도체, 의료, 식품 등을 검사 대상으로 하는 산업에서는 컬러 카메라의 수요가 상당히 높습니다.
본격적으로 컬러 카메라에 대해 이야기하기 전에 컬러 자체에 대한 배경지식이 필요할 것 같아요. 애니, 혹시 '빛의 삼원색'이라고 들어보셨나요?"
 애니는 기억을 더듬어 보고는 대답했다.
"들어봤어요! 중학교 과학시간에 배운 것 같은데, 모든 색깔을 표현할 수 있는 세 가지 독립적인 색을 말씀하시는 거죠? 빛의 경우라면 빨간색, 초록색, 파란색이요."

"맞아요. 잘 알고 계시네요! 빛의 삼원색을 적절한 밝기와 비율로 서로 혼합하면 모든 색상의 빛을 만들어 낼 수 있어요. 세 가지 색을 혼합해서 모든 색을 표현할 수 있다는 것을 반대로 말하면, 어떤 색상의 빛이든지 빨간색, 초록색, 파란색으로 분리해서 각각 독립적인 밝기 값으로 표현할 수 있다는 걸 의미합니다. 예를 들어, 여기 그림과 같이 노란색을 삼원색으로 분리해서 표현한다면, 빨간색과 초록색이 같은 비율로 섞여 있을 테고 파란색은 제외됐으니까 빨강 100, 초록 100, 파랑 0 정도로 나타낼 수 있겠네요. 정체를 알 수 없는 빛이라 해도 이처럼 빛의 삼원색으로 분리해서 세 개의 밝기 값을 얻을 수만 있다면 그 빛이 어떤 색상이었는지 추측할 수 있게 됩니다. 그래서 컬러 카메라에서는 빛의 삼원색 즉, Red, Green, Blue를 뜻하는 RGB값을 측정하는 것이 핵심이죠."

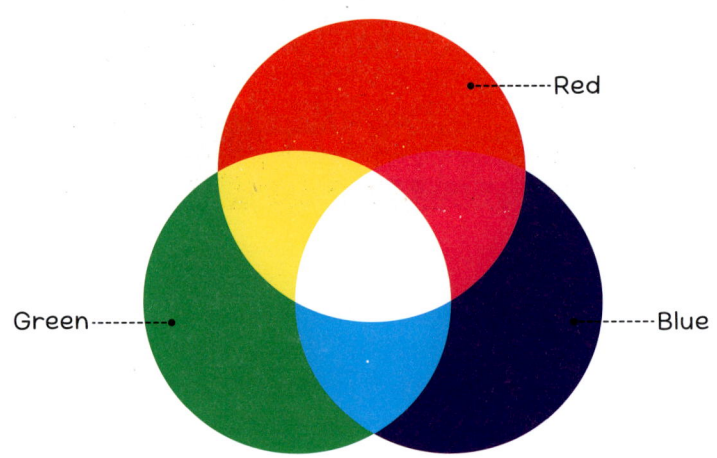

애니가 가볍게 손을 들어 말했다.

"잠시만요. 그러니까 컬러 카메라에 노란색 빛을 비추면 카메라가 R=100, G=100, B=0 이런 식으로 분리해서 값을 나타낸다는 말씀인가요? 어떻게 그게 가능하죠?"

제이든이 대답했다.

"좋은 질문이에요. 그 질문의 답이 바로 컬러 카메라와 모노 카메라의 대표적인 차이점입니다. 말씀하신 대로 카메라의 픽셀 그 자체만으로는 RGB 각각의 값을 표현할 수 없어요. 색깔이 노란색이냐 파란색이냐 관계없이 오로지 빛에 의해 생성된 전자의 양을 기반으로 밝기 값을 표현하기 때문이죠. 그래서 실제 RGB값을 표현하려면, 물체에서 나온 빛이 픽셀에 도달하기 전에 빨강, 파랑, 초록빛을 걸러내어 측정해야 합니다. 이렇게 빛을 색깔에 따라 선별적으로 투과해 주는 광학 기기를 컬러 필터라고 하는데요. 컬러 카메라에 사용되는 픽셀의 윗면에는 여기 그림과 같이 컬러 필터가 자리하고 있습니다. 예를 들어, 파란색 필터가 위치한 픽셀에는 빨강, 초록 빛은 흡수되고 파랑 빛만 투과하여 RGB값 중 B(blue)를 얻게 되는 거죠.

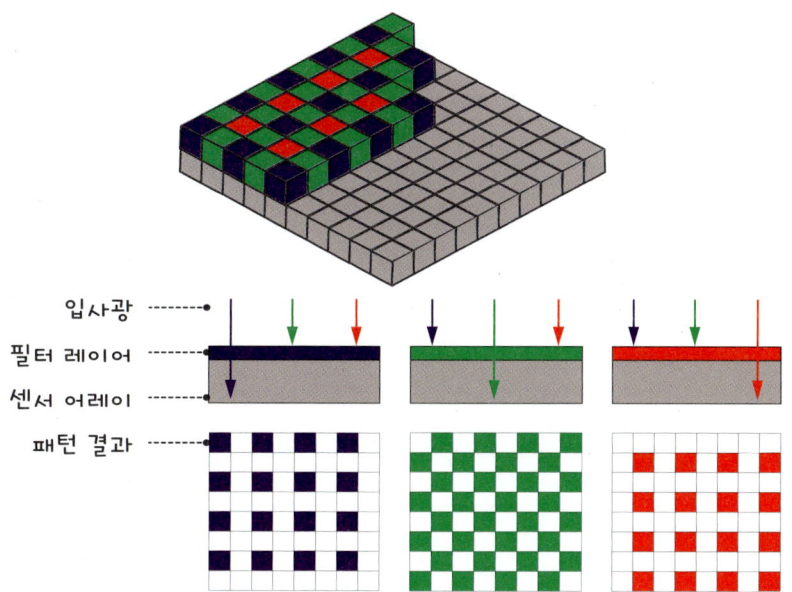

필터의 배열 방식은 여러가지가 있는데, 그 중에서 베이어 필터 배열(Bayer Filter Array)이 가장 보편적입니다. 보고 계신 그림이 바로 베이어 필터의 모습이에요. 2x2 픽셀로 분할하면 빨간색 하나, 초록색 둘, 파란색 하나의 필터가 포함되어 있죠. 초록 필터가 한 개 더 많은 이유는, 인간의 눈이 초록색에 더 민감해서 실제로 인간이 느끼는 색감에 더 가깝도록 표현하기 위함입니다."

애니는 고개를 끄덕이며 말했다.

"그렇네요. 컬러 필터가 핵심이군요."

"네, 그런데 이 방식에는 단점이 있어요. 각 픽셀은 RGB 중 하나의 색상 정보만 갖고 있기 때문에 실제로는 전체의 1/3만을 가지고 있는 셈이죠? 모자란 2/3만큼의 색상 정보는 주변 픽셀들의 값을 이용해서 추정하는데요. 예를 들어, 빨간색 필터가 자리한 픽셀에는 파란색과 초록색 색상 정보가 빠져 있지만, 이웃한 파란색과 초록색 픽셀에서 측정된 빛의 세기를 빌려와 적절히 계산한 후에 마치 빨강, 초록, 파랑을 모두 한 자리에서 측정된 것처럼 RGB값을 표현합니다. 이러한 과정을 픽셀 각각에 대해 수행하면 모든 픽셀이 저마다의 RGB값을 갖게 되는데, 이를 디베이어링(Debayering)이라고 해요. 그런데 문제는, 디베이어링으로 얻은 RGB값들은 주변 픽셀에서 빌려 온 가상의 값이 포함되어 있기 때문에 실제 그 픽셀에 도달한 빛의 RGB값과 차이가 있습니다. 조금 더 와닿을 수 있게 극단적인 예를 들어 볼게요. 아주아주 작은 초록색 물체를 관측하는 상황이에요. 물체에서 나온 초록빛이 렌즈를 통과해 센서에 잘 도착했는데 공교롭게도 빨간색 픽셀 한 칸에만 정확히 들어왔다면 어떨까요? 초록빛은 빨간 필터에 의해 차단되고 결국 센서는 빛을 감지하지 못하게 됩니다. 같은 상황에서 필터가 없는 모노 카메라를 사용했다면 흑백 영상이더라도 물체의 존재를 파악했을 텐데, 컬러 카메라는 베이어 필터 배열 때문에 모노 카메라에 비해 작은 물체를 구분하는 능력이 떨어지죠. 이러한 경우를 '해상력이 떨어진다'라고 표현합니다."

애니는 조금 이해가 된 듯했다.

"그렇군요. 생각해 보니 컬러 필터가 색깔 별로 듬성듬성 있는 거니까 그만큼 센서 전체 영역에 걸쳐 공백이 있다고 볼 수 있겠어요. 이런 단점을 보완할 수 있는 방법은 없나요?"

제이든이 미소 지으며 말했다.

"그래서 개발된 것이 3CCD 또는 3CMOS 카메라예요. 3CCD 카메라는 그 이름에서 알 수 있듯이 세 개의 CCD 센서가 탑재된 카메라입니다. 카메라 하나에 센서가 세 개나 들어 있다니, 쉽게 상상이 되실 진 모르겠어요. 여기 그림을 같이 보시죠. 3CCD 카메라의 구조를 간단히 나타낸 그림입니다. 특수한 프리즘을 센서 앞에 두어서 카메라로 들어오는 빛을 빨강, 초록, 파랑 세 갈래로 분리하고, 색깔 별로 하나씩 센서로 향하는 방식입니다. 세 개의 센서가 R, G, B를 하나씩 담당해서 밝기를 측정하는 거죠. 아까 베이어 필터에는 색깔 별로 공백이 있다고 말씀하셨는데, 3CCD는 이처럼 RGB 각 색상의 공백이 없이 완전한 색상 정보를 얻을 수 있습니다. 그러니 베이어 필터 방식의 단점을 극복할 수 있겠죠?"

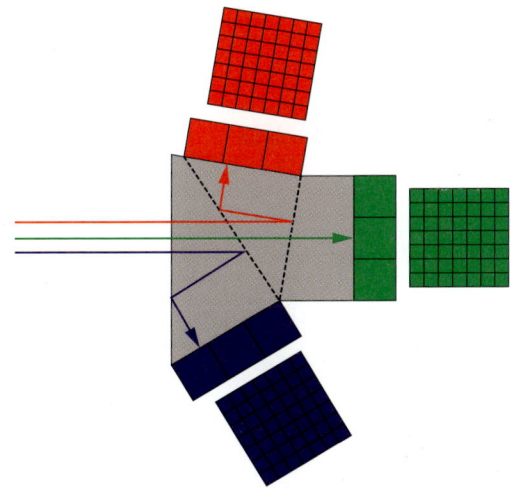

"와, 정말 똑똑한 방식이네요!"

"그렇지만 이 방식에도 단점은 있습니다. 먼저, 특수한 프리즘을 사용하기 때문에 일반적인 렌즈를 그대로 사용할 수 없어요. 빛이 프리즘을 통과하면서 색깔 별로 서로 다르게 굴절되기 때문에, 센서에 정확하게 초점을 맞추려면 특수하게 설계된 렌즈, 즉 커스텀 렌즈가 필요해요. 결국 비용이 많이 들고, 카메라의 크기도 커질 수밖에 없죠. 하지만 해상력과 색상 정확도 측면에서는 최고의 성능을 보여줘요."

애니는 메모를 하며 고개를 끄덕였다.

"지금까지는 에어리어 센서 타입의 컬러 카메라에 대한 내용이었는데요. 라인 센서 카메라도 다양한 종류의 컬러 카메라가 있답니다. 크게 세 가지만 살펴볼 텐데 Bilinear, Trilinear, 그리고 3Chip 방식이에요."

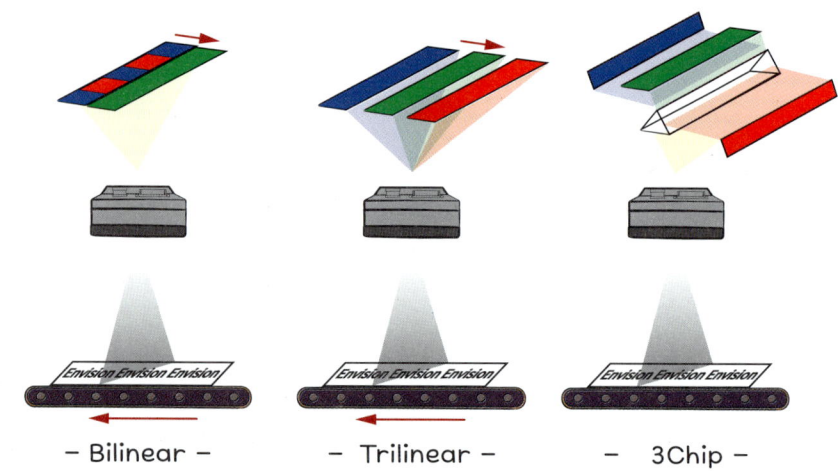

- Bilinear -   - Trilinear -   - 3Chip -

"먼저 Bilinear 방식은 'Bi'라는 접두어로 알 수 있듯이 두 줄의 라인으로 구성된 센서입니다. 이 중에서 한 줄은 초록, 다른 줄은 빨강과 파랑 필터를 교차해서 배열했죠. 이 방식도 베이어 필터 배열과 마찬가지로 이웃 픽셀에서 색상 정보를 가져와서 RGB값을 추정하기 때문에 해상력과 정확도가 떨어질 수 있어요."

"아무래도 가격은 가장 저렴하겠죠?"

"맞아요. 다음으로는 Trilinear 방식입니다. 접두어 'Tri'인 걸 보니 센서가 세 줄이겠죠? 각각 빨강, 초록, 파랑 빛을 감지함으로써 각 색상 별 완전한 정보를 얻을 수 있어 해상력이 높아진 센서입니다. 단점이 있다면 센서들이 물리적으로 약간 떨어져 있기 때문에 기울임이나 틀어짐이 영상 품질에 미치는 영향이 더 크고, 또 센서 사이의 간격만큼 촬영 시차가 발생할 수밖에 없는데 이를 보정하는 과정에서 색상이 어긋나는 문제가 생길 수 있어요.

마지막으로 3Chip 방식은 에어리어 센서의 3CCD와 동일해요. 프리즘을 사용해서 빛을 세 가지 색상으로 분리하고, 각각의 센서에서 하나씩 촬영해요. 3CCD와 마찬가지로 해상력이 높지만, 복잡한 구조와 높은 비용이 단점인 방식입니다."

애니가 말했다.

"컬러를 구현하는 데 이렇게 다양한 방법이 있다는 게 정말 놀랍네요."

제이든이 말했다.

"맞아요. 처음에 말씀드린 것처럼 컬러 카메라는 일상생활에서 너무나 당연한 제품이지만 그 기술을 구현하기까지 많은 시도와 노력이 있었답니다. 그럼 이쯤에서 잠시 쉬고 교육 이어서 진행할까요?"

 컬러 카메라계의 끝판왕 : Multifield3 카메라

두 사람은 잠깐의 휴식 후에 미팅 룸으로 돌아왔다. 제이든은 다과가 담긴 접시를 애니에게 건넨 후에 교육을 재개했다.

"계속해서 카메라의 종류에 대해 알아볼 텐데요. 마지막을 장식할 카메라는 MF3 카메라입니다. MF3 카메라를 마지막으로 소개해드리는 이유는, TDI 카메라에 컬러 필터 기술을 접목시킨 제품이기 때문이에요. 거기다 성능 차원에서도 감히 끝판왕이라고 할 수 있기 때문에 이 친구의 강점과 특징에 대해 설명 드리겠습니다.

먼저, 이 이름의 의미부터 살펴보죠. MF3는 Multifield3의 약자로, 세 가지 영상을 동시에 얻을 수 있는 기술을 말해요. 오직 단 한 번의 촬영으로 말이죠."

애니는 그게 가능한 일인지 쉽게 납득이 되지 않았다.

'한 번에 세 가지 영상이라고?! 찰칵 한 번 찍었을 뿐인데, 어떻게 영상이 세 개가 된다는 거지?'

제이든은 애니의 생각을 눈치챈 듯 계속해서 설명을 이어나갔다.

"이것이 어떻게 가능한지 알아보기 전에 이 기술의 필요성에 대해 이야기해 봅시다. 세 가지 영상을 찍어야 하는 이유에 대해서 말이죠. 나중에 조명 교육에서 더 자세히 배우겠지만, 같은 카메라로 같은 물체를 보더라도 조명을 어떻게 사용하는지에 따라 다른 이미지를 얻을 수 있거든요? 조명에서 나온 빛이 물체에서 반사되었는지, 투과되었는지 혹은 산란되었는지에 따라 이렇게 전혀 다른 이미지를 얻게 됩니다. 이처럼 목적에 따라 조명 조건을 달리 하면서 다양한 이미지를 얻으면 물체의 상태나 특성을 더 면밀히 검사할 수 있습니다. 하지만 조명 조건이 바뀔 때마다 이미지를 새로 찍어야 하기 때문에 전체 소요 시간이 그만큼 증가하게 되죠.

MF3의 첫 번째 강점은 바로 여기에 있습니다.

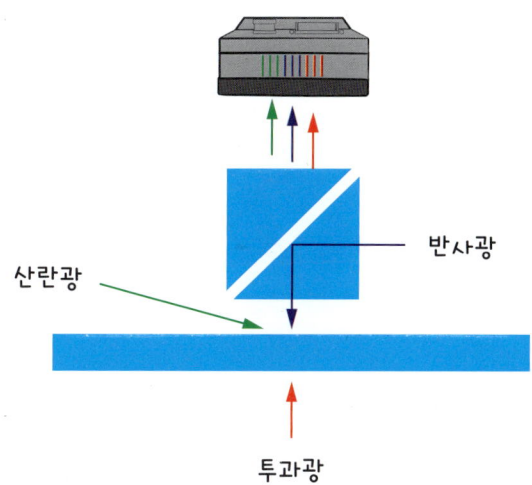

MF3 카메라에는 세 개의 TDI 센서가 내장되어 있고 각각 빨간색, 초록색, 파란색 필터로 처리되어 있는데요. 여기 그림과 같이 파란색을 반사광, 초록색을 산란광, 빨간색을 투과광으로 물체를 비추면 반사광은 파란 필터 처리된 센서에, 산란광은 초록 필터 센서에, 투과광은 빨간 필터 센서에만 담기게 됩니다. 즉, 세 가지 조명 조건을 한 번에 적용하더라도 컬러 필터에 의해 세 개의 TDI 센서가 각각 하나씩 나눠 갖기 때문에 동시에 서로 다른 세 개의 영상을 획득할 수 있게 되는 겁니다."

-반사광 이미지-   -산란광 이미지-   -투과광 이미지-

애니는 놀라움을 금치 못하며 말했다.

"대단하네요! 기존 검사와 비교하면 소요 시간이 3분의 1로 줄어들겠어요."

 제이든이 말했다.

"맞아요. 검사 시간이 줄어든다는 건 굉장한 강점이죠. 그리고 MF3 카메라의 강점은 하나 더 있습니다."

"뭔데요?"

"바로 필터 기술이에요. MF3 카메라에는 다이크로익(Dichroic) 필터가 사용되거든요. 처음 들어보시죠? 다이크로익 필터는 얇은 다층막으로 코팅된 필터로 빛의 간섭을 이용해서 색상을 선택적으로 투과시키는 필터입니다. 원리적인 내용보다도 결과적인 차이점은 일반 필터보다 필터링이 아주 뛰어납니다. 일반적인 필터의 경우, 빨간색 필터라 해도 실제로는 빨강 근처의 색도 일부분 투과하게 되거든요. 원하는 색감 외에 불필요한 색이 섞이는 현상을 머신비전에서는 '크로스톡(Crosstalk)'이라고 부릅니다. 만약 MF3 카메라에 일반적인 필터가 사용됐다면 반사광, 산란광, 투과광 이미지가 서로 완벽히 분리되지 못하고 조금씩 섞이게 되면서 이미지의 선명도를 떨어트리게 되겠죠? 다이크로익 필터는 이러한 크로스톡 현상이 매우 적어서 세 가지 영상을 더욱 또렷하게 표현할 뿐 아니라, 실제 색상에 더 가까운 이미지를 얻을 수 있는 강점이 있습니다."

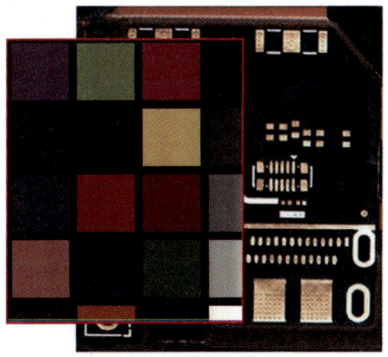 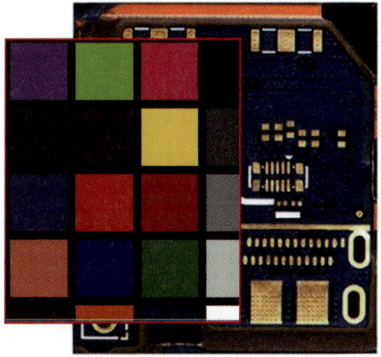

　　　－일반 필터를 사용한　　　　　－다이크로익 필터를 사용한
　　　　　컬러 카메라－　　　　　　　　　컬러 카메라－

애니가 말했다.

"와, 컬러 카메라 기술에 필터 기술이 더해져서 엄청난 제품이 탄생했네요. 시간은 적게 들면서 더욱 선명한 색감을 표현할 수 있다니 대단해요!"

"물론 제품 가격도 그만큼 오를 수 있으니, 고객 프로젝트의 요구사항과 예산, 그리고 검사 대상의 특성을 고려해 가장 적합한 카메라를 선택해야 합니다. 이제 카메라의 종류에 대해선 어느 정도 배웠으니 좋은 제품을 골라내는 안목을 한번 길러볼까요?"

애니가 힘차게 대답했다.

"네, 좋아요!"

 어떤 카메라가 좋은 카메라일까?

제이든이 말했다.

"애니, 솔루션 영업그룹 소속이시죠? 만약 카메라를 구매하려는 고객이 여기 화면에 있는 것처럼 질문한다면 어떻게 답변할 수 있겠어요?"

화면에는 다음과 같은 질문이 나타났다.

'어떤 카메라가 좋은 카메라인가요?'

애니는 잠시 생각한 뒤 멋쩍게 대답했다.

"싸고 좋은 카메라가 최고 아닐까요? 하하하."

"맞는 말이에요. 가격과 성능을 모두 만족하는 카메라가 최고죠. 그런데 가격은 우리가 숫자로 명확하게 제시할 수 있어도 성능 측면에서 좋은 카메라를 어필하기는 결코 쉬운 일이 아닙니다. 왜냐하면 성능을 대변하는 지표들이 너무 많은 데다가, 평소에 카메라나 머신비전에 관심이 없던 사람이라면 단번에 이해하기 어려운 내용이니까요. 그래서 우리의 입장에선 그중에서 고객의 상황에서 중요한 비중을 차지하는 지표들만 선별해서 카메라를 제안하곤 합니다."

제이든은 말을 이어나갔다.

"대표적으로 가장 자주 언급되는 지표를 꼽자면, 단연 해상도와 촬영 속도입니다. 해상도는 우리가 이미 앞에서 충분히 이야기 나눈 것처럼 센서에 포함된 픽셀의 총 개수를 의미하죠? 화질이라고 부르기도 하고요. 그리고, 촬영속도는 카메라가 초당 몇 장의 이미지를 찍어내는지 그 속도를 뜻합니다. 단위는 FPS를 사용하는데, Frames Per Second의 약자에요.

예를 들어, 100 fps라고 한다면 초당 100장의 이미지를 찍어낼 수 있다는 뜻입니다. 이렇게만 놓고 본다면, 좋은 카메라의 조건은 높은 화질과 빠른 촬영속도일 텐데요. 하지만 아쉽게도 이 둘을 모두 끌어올릴 수 있는 카메라는 존재하지 않습니다. 고화질의 이미지를 빠르게 찍어낸다는 건, 많은 데이터를 빠른 속도로 전송한다는 것이기 때문에 컴퓨터가 처리할 수 있는 한계에 부딪혀 처리량의 제한이 생길 수밖에 없습니다. 다시 말해, 속도와 화질은 상충관계에 있어서 이 둘 사이를 저울질해서 최적의 카메라를 선별해야 합니다. 일반적으로는 필요한 만큼의 해상도나 촬영 속도를 정해두고 나머지 한 요소를 조율해서 카메라를 선별하곤 합니다."

제이든은 숨을 고르고 화면 전환을 하였다.

"이번 시간에는 해상도와 촬영속도 외에 카메라의 성능을 나타나는 다른 지표들에 대해 소개할게요. 아마 평소엔 들어보지 못한 생소한 단어들이 많을 텐데, 각 요소들은 카메라의 성능을 정리해 높은 데이터시트(혹은 스펙시트)에 자주 등장하는 용어니까 이번 기회에 잘 기억해 두면 좋겠어요.

첫 번째로, 양자 효율(Quantum Efficiency, QE)입니다. '양자'라는 단어가 다소 거북할 수도 있겠지만 깊이 있는 내용을 제외한다면, 양자 효율이란, 센서에 흡수된 빛이 전자로 전환되는 비율(또는 확률)을 뜻합니다. 픽셀 내부에서는 광전효과에 의해 빛이 전자로 전환될 수 있다고 말씀드렸죠? 이상적인 센서라면 픽셀에 도달한 빛이 모두 전자로 전환되어 100%의 양자 효율을 갖겠지만, 실제로는 40~60% 정도의 양자 효율이 일반적입니다. 또한, 같은 센서라도 사용하는 빛의 파장에 따라 그 효율이 달라지기도 하죠.

두 번째로는 필 팩터(Fill factor)입니다. 필 팩터란 한 픽셀의 전체 면적에서 빛에 감응하는 면적의 비율을 의미해요. 마찬가지로 단위는 퍼센트(%)를 사용합니다.

- 입구가 넓은 양동이 -   - 입구가 좁은 양동이 -

픽셀의 전체 면적이 모두 빛을 흡수하도록 설계된 센서도 있지만, 픽셀의 일부 면적을 다기능 소자가 차지하도록 설계된 센서도 있어요. 전자의 경우 필 팩터가 높아서 빛에 더 민감하게 반응하는 센서일 테고, 후자의 경우 민감성보다는 센서의 기능적인 측면에 강점을 가진 센서라고 할 수 있겠네요. 이런 경우를 다시 양동이에 비유하자면, 같은 부피를 가진 두 양동이가 있을 때 전자의 경우는 입구가 넓은 양동이, 후자의 경우는 입구가 좁은 양동이인 셈이에요. 내리는 비의 양이 같더라도 입구가 넓은 양동이의 수위가 훨씬 빨리 차오르는 것과 같은 현상입니다. 앞서 CCD와 CMOS 센서 소개할 때 말씀드린 것처럼 CMOS 센서의 경우 픽셀 내부에 트랜지스터를 포함한 다기능 소자들이 공간을 차지하고 있어서 필 팩터가 100%가 되지 못합니다.

세 번째로 풀 웰 커패시티(Full-well capacity)입니다. 이 용어를 굳이 직역해보자면, 우물(Well)에 가득(Full) 찰 수 있는 용량(Capacity)을 의미해요. 즉, 픽셀이 전자를 몇 개까지 담아낼 수 있는지 나타내는 지표입니다.

단위는 e-(electron, 일렉트론)을 사용해요. 예를 들어, 1000e-이라면, 이 픽셀은 한 번에 최대 1000개의 전자를 담을 수 있는 그릇이라는 뜻입니다. 만약에 빛이 충분히 강해서 전자가 순식간에 픽셀의 용량만큼 가득 차게 되면 이러한 상태를 포화 상태 또는 새추레이션(Saturation)이라고 부릅니다. 애니, 그렇다면 풀 웰 커패시티는 클수록 좋을까요? 아니면 작을수록 좋을까요?"

애니는 갑작스러운 질문에 당황하는 기색을 내비쳤다.

"음, 글쎄요. 픽셀을 양동이라고 생각한다면 양동이는 클수록 좋지 않을까요?"

제이든이 대답했다.

"맞아요. 간혹 특수한 경우에 의도적으로 낮은 풀 웰 커패시티를 요청하는 경우도 있지만, 일반적으로 이 값이 클수록 좋은 카메라라고 생각해도 괜찮아요. 그 이유에 대해 설명드리겠습니다. 픽셀은 아시다시피 결국 빛의 밝기를 표현하는 소자죠? 컴퓨터에서는 픽셀 내부에 전자가 하나도 없는 상태를 검은색, 반대로 전자가 가득 찬 포화 상태를 완전한 흰색으로 출력합니다. 만약 풀 웰 커패시티가 1000e-인 픽셀이라면 완전한 흰색을 표현하기 위해선 1000개의 전자가 가득 차 있어야 합니다. 그리고 반대로 완전한 검은색을 표현하려면 픽셀에 전자가 하나도 없이 비워져야 하는데, 문제는 이렇게 전자가 단 한 개도 없는 특수한 환경을 만들기가 매우 어렵다는 사실입니다. 빛이 없는 깜깜한 방에서도 픽셀 내부에는 여러 가지 요인에 의해(주로 열) 불필요한 전자들이 무작위로 생성되거든요. 이렇게 찍힌 영상을 재생해 보면 거뭇거뭇하게 얼룩이 있거나 지지직 거리는 것처럼 보여서 결과적으로 이미지 품질을 떨어뜨리게 됩니다.

풀 웰 커패시티가 크다면 이러한 노이즈 현상에 강점을 가집니다. 예를 들어, 깜깜한 방에서 전자가 평균적으로 10개 생성된다고 해봅시다. 풀 웰 커패시티가 100e-인 픽셀은 최대 용량의 10%만큼 전자가 차 있어서 10% 밝기만큼 노이즈가 발생할 거에요. 하지만 풀 웰 커패시티가 1000e-인 픽셀에서는 노이즈가 차지하는 비율이 전체 용량의 1% 수준이기 때문에 상대적으로 더욱 균일한 영상이 출력된답니다. 이해되셨나요?"

애니가 대답했다.

"네, 풀 웰 커패시티를 분모에, 그리고 노이즈를 유발하는 전자를 분자에 넣어보면, 풀 웰 커패시티가 크면 분모가 커지는 셈이니까 노이즈에 의한 효과가 감소한다고 할 수 있겠네요."

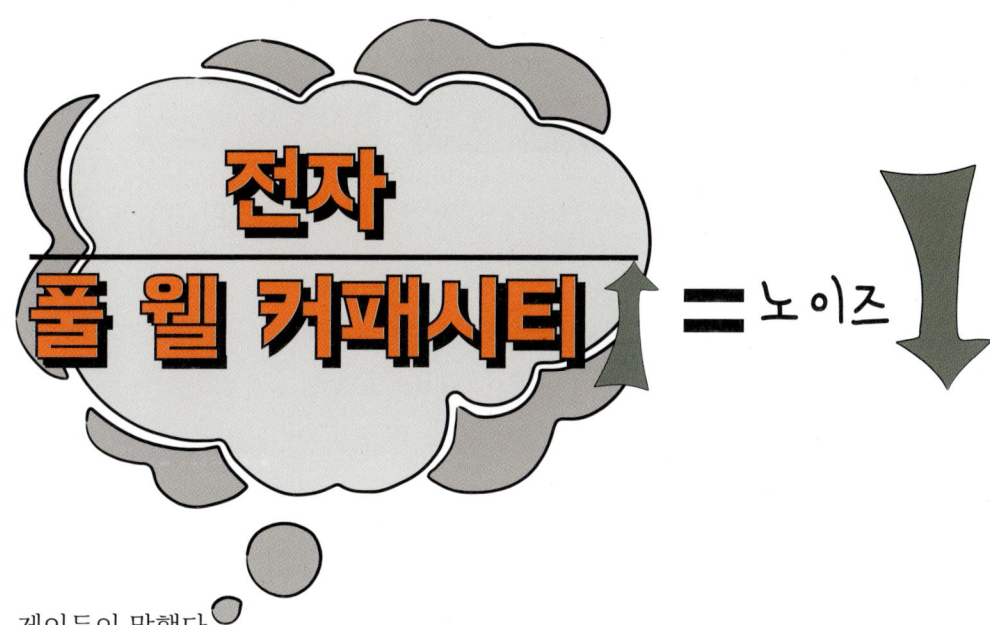

제이든이 말했다.

"이해가 빠르시네요! 설명하다 보니 노이즈에 대한 이야기가 잠깐 나왔는데 이 부분은 뒤에서 더 자세히 다루도록 할게요."

"다음으로, 다이나믹 레인지(Dynamic Range)입니다. 우리말로 동적 범위라고도 하는데요. 센서가 감지할 수 있는 가장 약한 신호부터 가장 강한 신호까지의 범위를 뜻합니다.

- 낮은 다이나믹레인지 -
어두운 영역에서 가시성 떨어짐

- 높은 다이나믹레인지 -
어두운 영역과 밝은 영역 모두 잘 표현됨

- 낮은 다이나믹레인지 -
밝은 영역에서 가시성 떨어짐

단위는 데시벨(dB)을 사용하는데, 이해를 돕고자 이번에는 마이크에 빗대서 생각해 볼게요. 데시벨이 음량에서도 쓰이는 단위이기도 하고요. 카메라가 빛을 전기신호로 변환한다면, 마이크는 소리를 전기신호로 변환해 전달하는 장치입니다. 마이크 제품마다 감지할 수 있는 최소의 음량과 출력할 수 있는 최대 음량의 한계치가 있을 텐데요. 마이크가 감지하고 출력할 수 있는 가장 큰 소리와 가장 작은 소리의 데시벨 차이를 다이내믹 레인지라고 말할 수 있어요. 다이내믹 레인지가 큰 마이크는 작은 소리에 민감할 뿐만 아니라, 큰 소리에도 그 크기에 맞게 표현할 수 있습니다.

이것을 그대로 카메라에 적용시켜 생각해 본다면, 다이내믹 레인지가 큰 카메라는 어두운 이미지와 밝은 이미지 둘 다 잘 출력할 수 있어요. 표현할 수 있는 범위가 그만큼 넓다는 뜻이니까요. 그리고 시중에 판매되는 티비나 모니터를 관심 있게 보셨다면, HDR 기술에 대해 들어보셨을 텐데요. HDR은 High Dynamic Range의 줄임말로 화면의 명암과 색상을 더 폭

넓게 표현하는 기술입니다. 어두운 부분은 더 어둡게, 밝은 부분은 더 밝게 표현해서 마치 사람이 눈으로 인식하는 수준에 가깝도록 끌어올린 기술을 말해요.

마지막으로 신호 대 잡음비(Signal to Noise Ratio, SNR)입니다. 보통 줄여서 SNR로 불러요. SNR은 그 이름에서도 알 수 있듯이, 노이즈 대비 신호의 세기 비율을 뜻합니다. 노이즈의 세기를 분모에, 신호의 세기를 분자에 넣어서 노이즈보다 신호의 세기가 얼마나 더 강한지를 나타내요. 특별히 SNR은 이미지의 품질을 판단하는 중요한 지표로 활용되기 때문에 SNR이 높은 카메라일수록 보다 좋은 품질의 이미지를 출력하는 카메라라고 여겨지곤 합니다."

SNR이 높을수록 좋은 품질의 이미지 출력

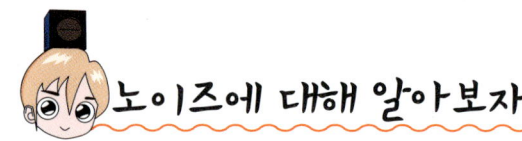
노이즈에 대해 알아보자

제이든이 설명을 이어 나갔다.

"자, 이제 카메라의 마지막 파트입니다. 이번에는 노이즈에 대해 알아볼게요. 노이즈는 여러 분야에서 사용되는 용어지만, 머신비전 분야에서의 의미는 사용자가 의도하지 않은 미세 전류 신호들을 말합니다. 우리가 측정하는 전류 신호는 주로 광전효과에 의해 만들어진 것이지만 그 외에도 주변 열에 의해 확률적으로 생겨난 전하의 흐름도 있어요. 또는 각 픽셀들의 성능이 조금씩 달라서 센서 전체 영역에 편차를 만들기도 하는데 이러한 것들을 통틀어 노이즈라고 부릅니다.

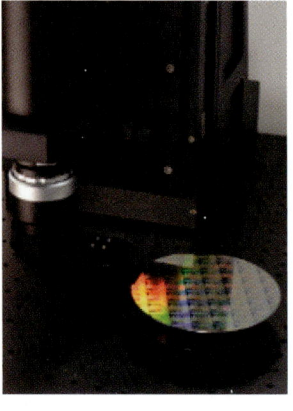
- 예시 이미지 -

- 노이즈 이미지 -

노이즈에는 어떤 종류가 있는지 알아보죠. 빛의 유무에 따라 다크 노이즈(Dark Noise)와 화이트 노이즈(White Noise)로 분류합니다.

먼저 다크 노이즈부터 살펴보자면, 이름에서 유추할 수 있듯이 빛이 없는 상태에서 생성된 전자가 만들어 내는 노이즈를 말해요. 발생 원인은 주로 센서 주변에서 발생하는 열 때문입니다. 이러한 다크 노이즈는 일정한 세기를 유지하지 못하고 조금씩 요동치게 됩니다.

센서주변에서
발생하는 열 때문에
생기는 노이즈

다크 노이즈?
화이트 노이즈?

빛 때문에
생기는 노이즈

생성 메커니즘이 열에 의해 확률적으로 생성된 전자이기 때문에 시간이 지남에 따라 전자가 많이 생성되기도 하고 적게 생성되기도 해요. 이렇게 어두운 환경에서 시간에 따라 출력 신호가 요동치는 것을 다크 랜덤 노이즈(Dark Random Noise)라고 부릅니다. 그래서 어떤 픽셀의 다크 랜덤 노이즈를 측정하려면 시간을 두고 출력신호 세기를 꾸준히 기록하면서 이 값들의 표준편차를 계산해야 해요.

다른 한편으론, 여러 픽셀에 대한 다크 노이즈도 생각해 볼 수 있는데요. 아까 잠시 말씀드린 것처럼 픽셀 마다 성능이 조금씩 다르고 다크 노이즈가 요동치는 타이밍이 다르기 때문에 한 장의 이미지를 찍더라도 우리가 얻는 검은색 이미지는 균일한 모습이 아닌 어떤 불규칙한 패턴을 갖게 됩니다. 이렇게 센서에 나열된 픽셀의 위치에 따라 패턴 형태로 나타나는 노이즈를 암신호 불균일성(Dark Signal Non-Uniformity, DSNU) 줄여서 DSNU라고 부릅니다.

이번에는 빛이 있는 환경에서 발생하는 화이트 노이즈에 대해 살펴볼게요. 빛이 있는 환경은 다시 두 가지로 구분할 수 있는데, 빛의 세기가 일정한 경우와 빛의 세기가 변하는 경우로 나눕니다. 먼저 빛의 세기가 일정한 경우를 볼게요. 이상적인 센서라면 광량이 일정할 때 항상 일정한 밝기를 출력하겠지만, 실제론 이미지의 밝기는 시간에 따라 변합니다. 이유를 찾자면 먼저 조명에서 나오는 빛의 세기가 일정하지 않고, 또 앞서 다크 노이즈에서와 유사하게 각 픽셀 마다 신호를 출력하는 성능의 편차가 있기 때문입니다. 이렇게 빛이 일정한 환경에서 시간에 따라 변하는 노이즈를 포톤 샷 노이즈(Photon Shot Noise)라고 부릅니다.

다음으로 빛의 세기가 변하는 경우인데요. 빛의 세기가 점점 밝아진다고 할 때, 픽셀은 여기에 비례해서 더 강한 신호를 출력해 냅니다. 그런데 이렇게 빛에 비례하는 정도가 픽셀마다 다를 수 있는데요. 어떤 픽셀은 빛에 대해 더 급격하게 반응하는 반면 어떤 픽셀은 둔감하게 반응한다는 거죠. 이렇게 픽셀마다 빛에 대한 저마다의 반응 차이에서 오는 노이즈를 광응답 불균일성(Photon Response Non-Uniformity, PRNU), 줄여서 PRNU라고 부릅니다.

위의 내용들을 가만히 생각해 본다면, 노이즈를 다음과 같은 기준에 따라 분류할 수 있을 텐데요. 바로 시간에 의존하는 노이즈와 위치에 의존하는 노이즈입니다. Dark와 White 관계없이 시간에 따라 세기가 변하는 노이즈가 있었고요. 또 시간에 관계없이 픽셀 성능 편차에 의해 센서의 고정된 위치에서 패턴 형태로 나타나는 노이즈가 있었네요. 이들을 표로 정리하면 아래와 같습니다."

노이즈	어두운 환경	밝은 환경
위치에 따라 달라지는 노이즈 (Fixed Pattern Noise)	DSNU (Dark Signal Non-Uniformity)	PRNU (Photon Response Non-Uniformity)
시간에 따라 달라지는 노이즈 (Temporal Noise)	Dark Random Noise	Photon Shot Noise

 카메라와 PC를 연결해 주는 데이터 케이블

"데이터 케이블은 카메라와 PC(또는 프레임 그래버)를 연결해 주는 통로입니다. 케이블을 통해 카메라에서 획득한 이미지 데이터를 사용자 환경으로 전송하고, 카메라를 제어하거나 전원을 공급하는 수단으로 사용해요. 케이블에도 여러 종류가 있는데, 이렇게 다양한 케이블이 존재하는 이유는 각 케이블마다 고유한 데이터 전송 인터페이스를 가지고 있기 때문입니다.

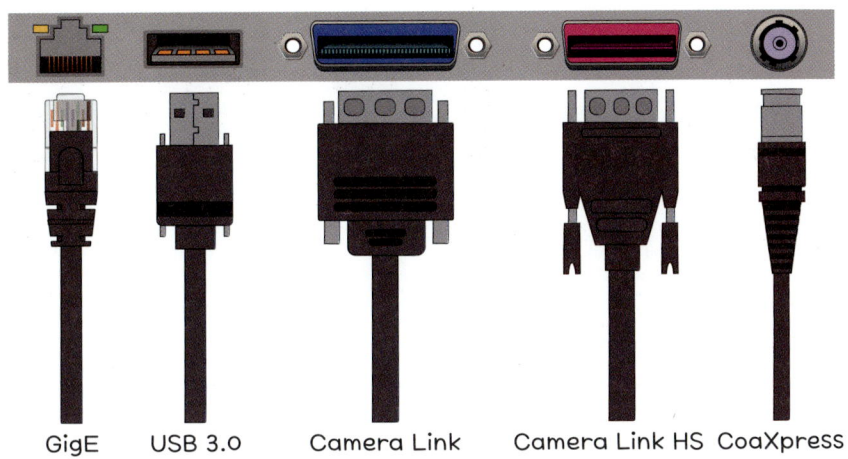

카메라에서 얻은 이미지 데이터를 PC로 전달하려면 정보 교환 방식을 정의하는 나름의 규칙 체계가 필요한데, 이것을 프로토콜이라고 합니다. 이러한 프로토콜은 일종의 의사소통 방식과 같아서 해당 프로토콜에 부합하는 인터페이스가 있고 이 인터페이스를 위해 만들어진 케이블이 존재합니다. 예를 들어, 우리에게 가장 친숙한 인터페이스로 USB 3.0을 들 수 있는데, 흔히 USB 케이블이라고 부르는 전송선은 이 USB 3.0을 지원하는 케이블을 지칭할 뿐입니다.

머신비전 분야에서 주로 사용되는 케이블을 다음 표로 정리해 보았어요. 우리가 일상에서 쉽게 볼 수 있는 LAN 케이블과 USB 케이블도 머신비전 분야에서 자주 사용되고 있어요. 각 케이블 마다 데이터 전송 속도와 길이에 제한이 있는데, 새로운 인터페이스가 꾸준히 개발되면서 속도의 한계를 극복하고 있으니 참고하길 바라요."

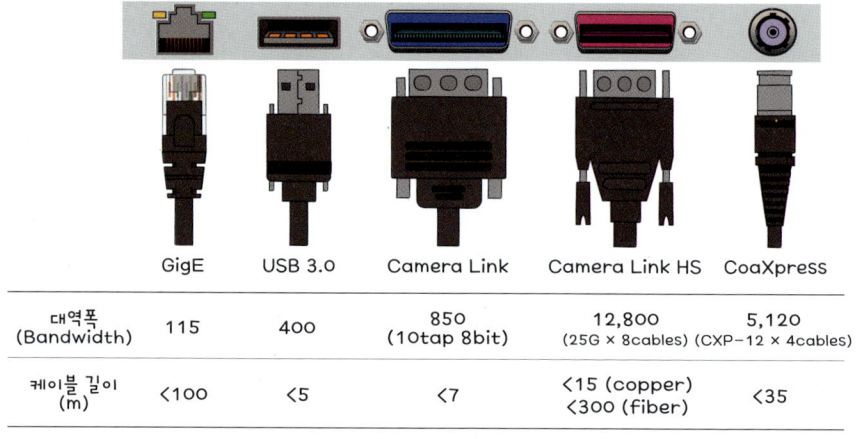

	GigE	USB 3.0	Camera Link	Camera Link HS	CoaXpress
대역폭 (Bandwidth)	115	400	850 (10tap 8bit)	12,800 (25G × 8cables)	5,120 (CXP-12 × 4cables)
케이블 길이 (m)	<100	<5	<7	<15 (copper) <300 (fiber)	<35

 프레임 그래버는 뭐죠?

"애니! 머신비전이 처음이라면 프레임 그래버는 아마 생소할 텐데요. 프레임 그래버는 이름에서와 같이 Frame(이미지)을 Grab(붙잡다)하는 역할을 해요. 다시 말해, 카메라에서 보낸 영상 신호를 컴퓨터가 처리할 수 있도록 디지털 신호로 전환하는 장치입니다.

프레임 그래버의 역할에 대해 좀더 살펴보자면, 기본적으로 영상 데이터를 처리하는 기능 외에 카메라 정보에 접근하여 카메라의 설정이나 동작을 컨트롤하기도 합니다. 사용자 입장에서는 카메라의 설정을 이것저것 바꾸며 동작하고 싶은데 현재 카메라가 어떤 상태로 동작하고 있는지 들여다보려면 프레임 그래버가 필요한 셈이죠. 또한, 자체 메모리를 가지고 있어 이미지 데이터를 메모리 버퍼에 저장하기도 하고, 신호를 출력할 수도 있어서 이 신호를 통해 조명을 동작하기도 합니다. 최근에는 프레임 그래버에 FPGA 칩이 탑재되어 컴퓨터의 이미지 처리 부담을 줄여주는 전처리(Pre-processing) 기능을 수행하는 제품도 출시되었어요.

케이블에 대해 설명 드렸던 것과 마찬가지로 프레임 그래버도 통신 프로토콜과 케이블 종류에 호환되는 제품들이 있습니다. 예를 들어, Zebra 사에서 제조한 Rapixo 시리즈의 프레임 그래버는 지원되는 인터페이스에 따라 CoaXpress인 경우 Rapixo CXP, Camera Link인 경우 Rapixo CL라는 모델이 있습니다."

CoaXpress를 지원하는 CXP　　　Camera Link를 지원하는 CL

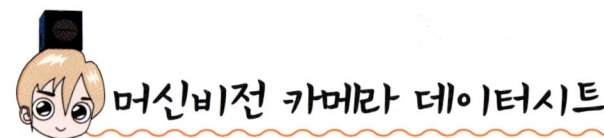
머신비전 카메라 데이터시트

"애니! 드디어 여기까지 왔군요! 앞서 이야기한 내용을 토대로 이제 카메라 제품의 성능을 이해하고 평가할 수 있게 되었어요.

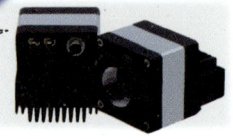

브랜드	iRAYPLE
모델명	A9B57MX703E
해상도 (Resolution)	25Megapixel
픽셀수 (가로×세로)	5120×5120Pixel
센서 종류 (Sensor)	Gpixel GMAX0505
센서 사이즈 (Image Circle)	18.1mm
센서 포맷 (Sensor Format)	1.1"
Turbodrive Frame Rate	-
프레임 레이트 (Frame Rate)	42fps
픽셀 사이즈 (Pixel Size)	2.5μm
인터페이스 (Interface)	CoaXPress (CXP-6)
크로마 (Chroma)	Mono
Readout Method	Global
다이나믹 레인지 (Dynamic Range)	63dB
센서 타입 (Sensor Type)	CMOS
마운트 (Mount)	C
제품 사이즈	50×50×68.5mm
제조사	Huaray

위의 데이터시트를 같이 보면서 각 항목에 대해 같이 살펴볼 텐데요. 항목이 많지만 하나씩 차근차근 보도록 해요.

데이터시트의 가장 위 줄부터 보자면, 브랜드와 모델명이 있네요. 이 카메라는 iRayple이라는 브랜드의 A9B57MX703E 모델의 카메라입니다. 모델명을 보면 알파벳과 숫자가 뒤섞여 있는데, 카메라 제조사 별로 각 자릿수의 의미를 담아 명명한 것이라서 이것을 해석할 줄 알게 되면 같은 브랜드의 다른 제품을 만났을 때 모델명만 봐도 어떤 특징의 카메라인지 어느 정도 유추할 수 있답니다.

다음으로는 해상도(Resolution)가 보이네요. 센서에 들어 있는 전체 픽셀 수를 의미하는데, 이 제품의 경우 약 2500만 화소의 카메라로 보여집니다. 마찬가지로 이것을 각각 가로와 세로로 구분하여 가로 픽셀 수 × 세로 픽셀 수 형태로 표현하기도 했네요. 해상도가 높을수록 대상 물체를 더 정밀하게 표현할 수 있지만, 그만큼 이미지 한 장의 데이터 크기는 더 커지게 됩니다.

그다음으로 센서 항목이 있는데요. 센서를 만든 제조사와 모델명이 적혀 있습니다. 이 카메라는 Gpixel이라는 센서 제조사의 GMAX0505 센서를 탑재하고 있네요. 보통 카메라 제조사에서 센서까지 개발하고 생산하기도 하지만 이처럼 센서만 전문적으로 생산하는 제조사의 센서를 가져와 카메라를 만드는 경우도 쉽게 찾아볼 수 있습니다.

다음으로는 센서 사이즈와 센서 포맷입니다. 센서 사이즈는 센서의 대각선 길이를 측정한 것으로 보통 렌즈와의 조합을 따질 때 고려하는 요소입니다. 렌즈가 포함하는 영역이 센서 사이즈만큼 충분히 커야 하니까요. 센서 포맷은 이러한 센서 사이즈를 인치 단위로 환산한 것인데요. 특이한 점은 센서 포맷에서 다루는 1인치는 일상생활에서 사용하는 25.4mm가 아닌 16mm라는 것입니다. 센서 포맷도 센서 사이즈와 마찬가지로 렌즈의 결합부를 염두하고 살펴보는 요소입니다.

다음으로 보이는 fps는 프레임 레이트(Frame Rate)라고 불리는데, 초당 처리하는 프레임 수(Frame Per Second)를 뜻합니다. 다시 말해, 1초 동안 몇 개의 이미지를 찍어낼 수 있는지를 뜻하는데요. 보통 30fps 정도 속도일 때 어색함을 느끼지 않는 영상으로 인지하게 됩니다. 이 숫자가 높을수록 고속 카메라로 불리지만 데이터 전송과 처리 속도의 한계가 있기 때문에 해상도에는 제한이 걸리게 됩니다.

다음은 픽셀 사이즈입니다. 단위는 μm로 마이크로미터라고 읽어요. 센서에 나열된 한 픽셀의 길이를 뜻하는데요. 보통 픽셀 사이즈가 클수록 풀 웰 커패시티가 더 크기 때문에 노이즈에 강한 카메라로 여겨집니다.

다음은 인터페이스입니다. 인터페이스는 시스템이나 장치 간에 결합부 또는 경계를 뜻하는데요. 물리적인 접합부를 뜻하기도 하지만 대게는 데이터 전송 규칙을 뜻합니다. 이 카메라의 경우 CoaXpress라고 하는 표준을 따르는 프로토콜과 케이블을 사용하고 있습니다.

그 다음은 크로마(Chroma)입니다. 색조를 뜻하는 말로 여기에 Mono 또는 Color가 표기됩니다. 이 제품은 Mono이므로 흑백 카메라입니다.

다음으로 Readout과 센서 타입을 함께 살펴보겠습니다. 먼저 센서 타입에서 보듯이 이 카메라는 CMOS 센서 기반 카메라입니다. 각 픽셀에 트랜지스터가 탑재되어 있어 픽셀 내부에서 전하를 전압으로 변경하고 이 신호를 전달하는 방식으로 동작하는 센서네요. CCD 센서 대비 낮은 소모 전력과 빠른 처리 속도를 가진 장점이 있다고 소개해 드렸네요. Readout에는 Global이라고 적혀 있습니다. Rolling 셔터와 대비되는 개념으로 모든 픽셀이 동시에 노출을 시작하는 방식으로 Readout이 진행됩니다. 빠르게 움직이는 물체에 적합한 카메라로 받아들일 수 있습니다.

다음은 다이나믹 레인지입니다. 스펙시트에 63dB라고 적혀 있는 값은 이 센서가 출력할 수 있는 가장 강한 신호에서 가장 약한 신호를 뺀 수치입니다. 이 값이 클수록 어두운 부분과 밝은 부분을 더 넓게 아우른다고 할 수 있어요. 보통 블랙박스 카메라가 높은 다이나믹 레인지를 갖는데요. 야간에도 주변 사물을 잘 찍기 위해서는 어두운 환경(야간)과 밝은 환경(자동차 조명) 모두를 잘 표현해야 하기 때문입니다.

마지막은 카메라 사이즈인데, 실제 카메라를 장비에 적용하는 단계에서 장비 내부 공간이나 주변 기구의 사이즈 등을 계산할 때 살펴보는 항목입니다."

프레임 그래버 데이터시트

"애니! 이번엔 프레임 그래버의 데이터시트를 같이 살펴보죠. 프레임 그래버의 데이터시트는 카메라의 시트와 비교했을 때 훨씬 적은 내용을 담고 있네요.

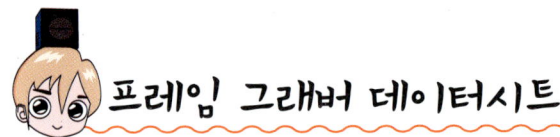

브랜드	Xtium2
모델명	OR-A8S0-PX870
PC 슬롯	PCIe Gen3 ×8
전송 속도 (Acquisition Rate)	7.0GB/s
메모리 (Memory)	512MB
케이블 커넥터 (Data Connector)	CX4
제조사	Teledyne Dalsa

먼저 보이는 패밀리와 파트 넘버는 제품의 차이이므로 설명은 생략하고, PC 슬롯(Slot)부터 살펴보겠습니다. 프레임 그래버는 PC에 장착되는 보드 형태의 하드웨어이기 때문에 PC 메인보드의 슬롯 중 하나인 PCI 슬롯에 장착됩니다.

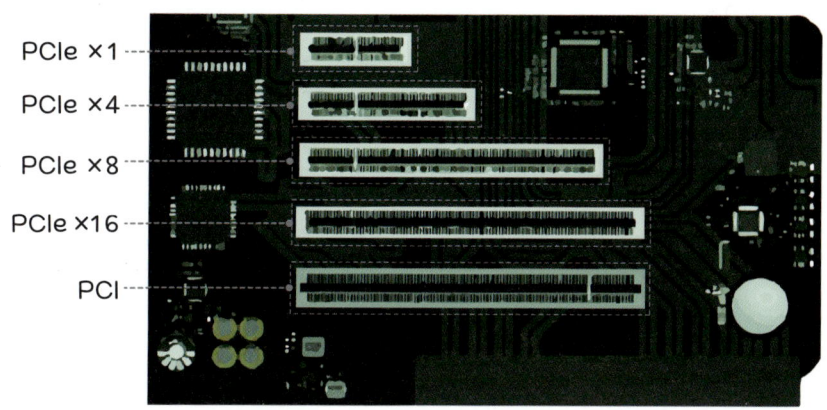

PCI 슬롯은 부연 설명이 조금 더 필요할 것 같은데요. 메인보드의 일부인 PCI 슬롯은 PC 장치로의 입출력을 위한 물리적 확장 슬롯이라고 할 수 있습니다. PCI 슬롯을 통해 프레임 그래버에서 넘어오는 영상 데이터를 주고 받을 수 있게 되죠. 2003년에는 PCI를 대체하기 위해 PCI Express(PCIe)가 개발되었고 이후 개발된 프레임 그래버는 모두 PCIe 슬롯 호환 제품으로 출시되고 있어요.

PCIe 슬롯은 기술이 발전함에 따라 더 높은 세대로 발전해 왔는데, 현재 1.0 버전(또는 세대)부터 6.0 버전까지 출시되었습니다. 또한, 각 버전(세대)마다 전송 속도의 배속이 세분화되어 있는데요. 배속이 높을수록 슬롯은 더 길어지고 더 빠른 전송속도를 지원합니다. 현재는 각 세대별로 1배속, 2배속, 4배속, 8배속, 16배속이 존재합니다.

PCIe Generation	PCIe 1.0	PCIe 2.0	PCIe 3.0	PCIe 4.0	PCIe 5.0	PCIe 6.0
Year of Release	2003	2007	2010	2017	2019	2022
Data Transfer Rate (GB/s)	2.5	5	8	16	32	64
Total Bandwidth ×1 Lane (GB/s)	250MB/s	500MB/s	1	2	4	8
Total Bandwidth ×2 Lanes (GB/s)	500MB/s	1	2	4	8	16
Total Bandwidth ×4 Lanes (GB/s)	1	2	4	8	16	32
Total Bandwidth ×8 Lanes (GB/s)	2	4	8	16	32	64
Total Bandwidth ×16 Lanes (GB/s)	4	8	16	32	64	128

프레임 그래버에 PCIe 사양을 표기한 이유는 프레임 그래버에서 전송하는 데이터양을 PCIe 슬롯에서 충분히 처리할 수 있어야 하기 때문입니다. 만약 데이터시트에 나와 있는 사양보다 더 낮은 사양의 PCIe 슬롯을 사용한다면 PCIe 슬롯에서 처리할 수 있는 데이터 전송 속도의 한계에 부딪혀 이미지를 원활하게 주고받지 못하게 되거든요.

다음은 메모리입니다. 이 메모리는 프레임 그래버 자체에 탑재된 메모리로서 이미지를 저장하거나 전처리 과정을 수행하는 데 사용하는 메모리입니다. 충분한 양의 메모리를 확보한 프레임 그래버는 보다 더 큰 사이즈의 이미지를 더욱 빠르게 처리할 수 있게 됩니다.

마지막으로 데이터 커넥터입니다. 데이터 커넥터는 프레임 그래버와 데이터 케이블의 연결 부분을 뜻하는데요. 이 프레임 그래버는 CX4라고 하는

Camera Link HS 인터페이스를 지원하는 케이블과 연결되는 커넥터를 가지고 있습니다.

지금까지 카메라와 프레임 그래버의 데이터시트를 함께 살펴봤어요. 제품의 특징과 성능을 한 장의 표로 정리한 자료이기 때문에 데이터시트를 보는 것에 익숙해진다면 앞으로 제품을 이해하고 선별하는 데에 큰 도움이 될 거예요."

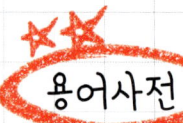
용어사전

머신비전 (Machine vision) 　카메라와 광학계, 그리고 컴퓨터를 활용해서 시각적 정보들을 수집하고 이것을 의미 있는 데이터로 처리하는 기술이에요.

프레임 그래버 (Frame grabber) 　카메라에서 보낸 데이터의 처리를 돕고, 카메라를 제어하는 하드웨어 장치라고 볼 수 있죠.

픽셀 (Pixel) 　이미지 센서를 구성하는 화소 단위를 말해요.

광자 (Photon) 　입자로 간주할 때의 '빛'을 의미해요.

광전 효과 (Photoelectric effect) 　빛이 금속이나 반도체에 흡수되어 전자를 방출하는 현상을 말해요.

포화상태 (Saturation) 　픽셀이 수용할 수 있는 최대 밝기를 초과하여 더 이상 빛에 반응하지 못하는 상태예요.

리드아웃 (Readout) 　각 픽셀에 저장된 전기 신호를 읽어 디지털 신호로 변환하는 과정이에요.

에어리어 스캔 (Area scan)	센서 전체 영역을 한 번에 캡쳐하여 2차원 이미지를 획득하는 방식이에요.
라인 스캔 (Line scan)	1차원 픽셀 배열 구조를 갖는 이미지 센서를 이용해 물체를 이동하며 한 번에 하나의 가로줄(라인)씩 이미지를 캡쳐해 전체 영상을 구성하는 방식이에요.
롤링 셔터 (Rolling shutter)	이미지 센서의 각 줄이 순차적으로 노출되어 이미지를 획득하는 방식이에요.
글로벌 셔터 (Global shutter)	센서의 모든 픽셀이 동시에 노출되어 한 순간에 이미지를 획득하는 방식이에요.
TDI 카메라 (Time Delayed Integration)	라인 스캔 카메라의 일종으로, 다수의 라인 센서가 물체의 스캔 속도에 따라 순차적으로 노출하며 신호를 누적해 이미지를 생성하는 카메라에요.
CCD (Charge-Coupled Device)	빛에 의해 생성된 전자가 이웃한 픽셀로 직접 전송되어 리드아웃 단자에서 전기 신호로 변환시키는 소자예요.
CMOS (Complementary Metal-Oxide-Semiconductor)	빛에 의해 생성된 전자가 각 픽셀에서 자체적으로 전기 신호로 변환되어 전송하는 소자예요.

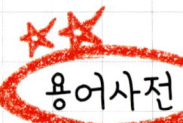

용어사전

해상도
(Resolution)

이미지 센서를 구성하는 모든 픽셀의 수를 의미해요.
(가로 픽셀 수 × 세로 픽셀 수)

프레임 레이트
(Frame rate)

1초 동안 촬영하는 이미지 수를 의미합니다. 단위는 fps를 쓰고 있죠.

양자 효율
(Quantum Efficiency, QE)

센서에 흡수된 빛(광자)이 전자로 전환되는 비율(또는 확률)이에요.

필 팩터
(Fill factor)

각 픽셀의 전체 면적 중에서 실제로 빛에 감응하는 면적의 비율이에요.

풀 웰 커패시티
(Full-well capacity)

각 픽셀이 최대한 저장할 수 있는 전자의 양이에요.

다이나믹 레인지
(Dynamic range)

센서가 측정할 수 있는 가장 밝은 부분과 가장 어두운 부분의 신호 범위를 의미해요.

HDR
(High Dynamic Range)

높은 다이나믹 레인지로서 화면의 명암과 색상을 더 폭넓게 표현하는 기술이에요.

신호 대 잡음비 (Signal to Noise Ratio, SNR)	신호(Signal)와 잡음(Noise) 간의 세기 비율. 이미지 품질을 판단하는 지표라고 볼수 있죠.
노이즈 (Noise)	전기적인 간섭이나 열에 의해 불필요하게 생성된 전기 신호로 이미지 품질을 저하시킬 수 있는 무작위 오차를 말해요.
다크 랜덤 노이즈 (Dark Random Noise)	빛이 없는 어두운 환경에서 발생하는 노이즈로, 주로 센서의 온도에 의해 발생하는 노이즈를 의미해요.
암신호 불균일성 (Dark Signal Non-Uniformity, DSNU)	빛이 없는 어두운 환경에서 여러 픽셀 간에 성능 편차에 의해 발생하는 신호의 불균일성이에요.
포톤 샷 노이즈 (Photon Shot Noise)	일정한 밝기의 조명이더라도 실제 단위 시간당 방출되는 광자 수의 통계적인 변동으로 인해 발생하는 노이즈를 의미해요.
광응답 불균일성 (Photon Response Non-Uniformity)	동일한 조명 아래에서도 픽셀 간에 성능 편차에 의해 발생하는 신호의 불균일성이에요.
데이터 케이블 (Data cable)	카메라와 프레임 그래버(또는 PC)를 연결하는 데이터 전송 선을 의미해요.

2장
머신비전에서 렌즈의 역할?

렌즈

2장
머신비전에서 렌즈의 역할?

 둘째 날 아침, 애니는 어제보다 가벼운 마음을 안고 앤비젼 로비를 거닐었다. 사람들이 오가는 소리와 휴식 공간에서의 낮은 웃음 소리에 편안함을 느끼며, 이곳이 조금씩 자신의 일상이 되어가고 있음을 실감했다. 사무실을 향해 한 걸음 한 걸음 다가가며, 오늘은 어제보다 더 많은 것을 배울 수 있을 것 같다는 기대감을 품었다. 6층 사무실에 도착하자 로봇 코코가 다가오더니 애니에게 인사를 건넸다.
"애니! 잠은 잘 잤나요? 오늘은 두 번째 시간인 렌즈에 대해 배울 거예요! 그럼 렌즈 전문가를 소개해 드릴게요. 저를 따라오세요!"
 코코는 어제 카메라를 진행했던 회의실에서 렌즈 전문가인 머피를 소개시켜 주었다. 그곳에는 단정한 옷차림에 안경을 쓴 한 남성이 노트북을 들여다보고 있었다.
"안녕하세요! 애니, 편한 자리에 앉으세요. 저는 앤비젼에서 렌즈와 함께 일하고 있는 머피라고 합니다."
 머피는 반가운 얼굴로 애니를 맞이했고, 애니도 밝은 미소로 화답했다.

"처음 뵙겠습니다. 새로 입사한 애니라고 합니다. 잘 부탁드려요!"

"저도 잘 부탁드립니다. 아침 식사는 하셨나요?"

"네, 조금 일찍 출근해서 라운지에서 가볍게 먹고 왔어요."

머피가 자리에서 일어나 두 손을 모으며 말했다.

"좋아요! 그럼 저와 함께 즐겁고 힘차게 렌즈에 대해 배워볼까요?"

애니는 갑작스러운 머피의 행동에 놀란 기색을 보였지만, 이에 질세라 주먹을 불끈 쥐어 보이며 말했다.

"넵, 열심히 배우겠습니다!"

머피는 열의에 찬 애니의 화답에 만족하며 화면 앞으로 향했다.

"아시다시피 렌즈는 광학 소자의 일종이라서 렌즈와 친해지기 위해서는 광학 지식을 어느 정도 갖춰야 하는데, 보통 우리가 흔히 쓰는 카메라에도 렌즈가 달려 있어서 렌즈라는 말 자체가 생소하진 않을 테니까 너무 걱정하지 않아도 될 것 같아요."

애니는 AR 안경을 착용하고, 화면에 나타난 교육 목차와 머피를 번갈아 보며 고개를 끄덕였다. 머피는 설명을 이어나갔다.

"렌즈는 어제 배웠던 카메라 만큼이나 우리 생활에 친숙한 물건이죠. 카메라에 결합해서 사용하기도 하지만, 저처럼 안경을 쓰는 분들도 많아서 그만큼 우리 생활에 밀접하게 닿아 있습니다. 자, 그럼 렌즈가 무엇인지 정리하고 시작합시다. 애니, 렌즈를 한 문장으로 정리하면 뭐라고 표현할 수 있을까요?"

"음, 글쎄요. 돋보기 같은 것 아닐까요? 하하하."

"네, 어느 정도는 맞아요. 돋보기처럼 물체를 확대하는 일도 렌즈의 역할 중 하나죠. 렌즈를 한 문장으로 표현하자면, '빛의 경로를 변화시켜 상을 형성하는 역할을 하는 투명한 광학 장치'라고 할 수 있어요. 우선 이러한 렌즈의 정의가 무슨 의미인지 살펴봅시다. 단계적으로 이해하기 위해서 이 문장을 두 부분으로 나눠볼 텐데요. '빛의 경로를 변화시킨다'와 '상을 형성한다(결상)'로 분리해서 설명드리겠습니다. 애니, 제가 쓰고 있는 안경은 어떤 재질로 만들어졌을까요?"

"음, 유리 아닐까요?"

"맞아요. 그럼 저 뒤에 있는 출입문은 어떤 재질이죠?"

"마찬가지로 유리요."

"네, 둘 다 유리에요. 그런데 제가 쓴 안경은 빛의 경로를 변화시키기 때문에 렌즈라고 할 수 있지만, 저 문은 그렇지 않거든요. 혹시 이 둘의 어떤 차이점 때문인지 짐작하시겠어요?"

"흐음, 글쎄요. 머피가 쓰고 계신 안경은 표면이 굴곡져 있어서 그런 것 같아요."

"음, 좋은 접근이네요. 그렇지만 아쉽게도 표면의 굴곡만으로는 충분한 이유가 될 수 없어요. 빛의 경로가 변하는 현상을 '굴절'이라고 하는데요. 굴절의 의미와 원리에 관해 설명하겠습니다.

굴절은 빛이나 소리와 같은 파동이 매질의 경계면에서 속도의 차이로 인해 경로가 변하는 현상을 말해요. 여기서 매질은 파동이 전달되는 물질 공간을 뜻하는데, 매질을 구성하는 물질의 종류와 밀도에 따라 파동의 속력이 달라집니다. 그리고 파동이 매질로 진입할 때, 수직이 아닌 임의의 각도를 가져야만 굴절이 일어나고요.

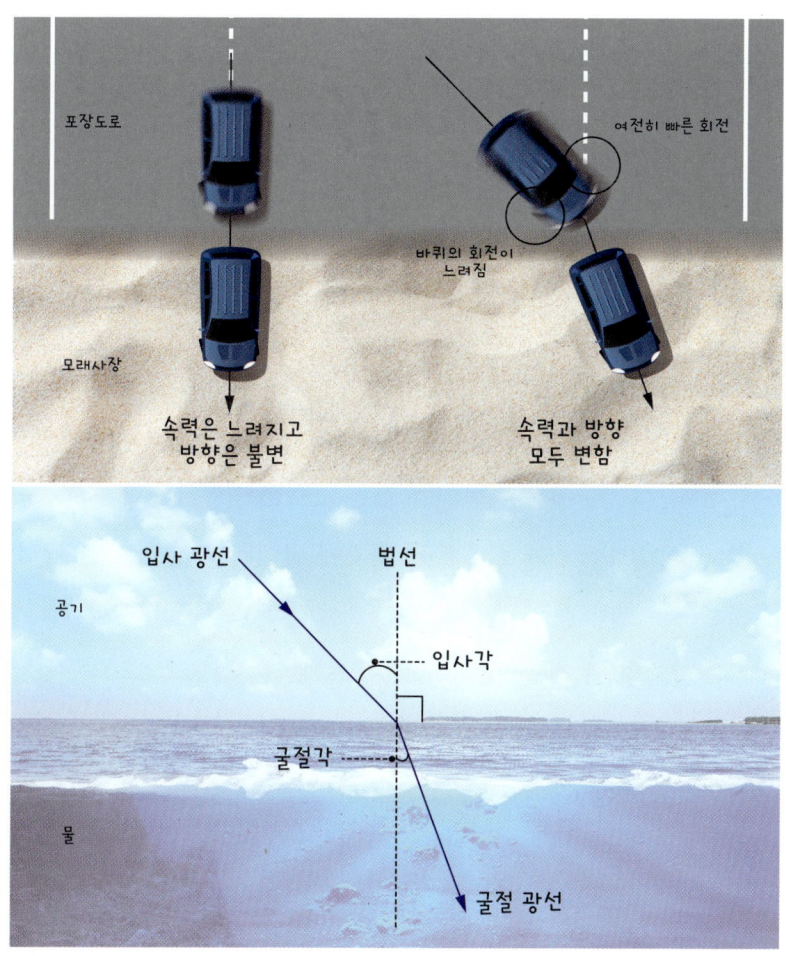

조금 어렵죠? 자, 화면을 함께 보면서 예시를 들어드릴게요. 여기 자동차 한 대가 포장도로에서 모래사장으로 진입하고 있습니다. 아무래도 포장도로보다는 모래사장에서 달릴 때 속도가 느려지게 될 텐데요. 왼쪽 그림처럼 자동차가 모래사장 경계면에 수직으로 진입한다면, 단순히 속도만 느려질 뿐 방향은 변하지 않습니다. 즉, 굴절이 일어나지 않는 거죠.

그런데 오른쪽 그림과 같이 자동차가 모래사장 경계면을 향해 비스듬히 진입한다면 결과는 달라집니다. 이때는 자동차의 앞바퀴 중 오른쪽 부분이 모래사장에 먼저 진입하게 되면서 오른쪽 앞바퀴의 회전 속도가 느려지지만, 아직 모래사장에 닿지 않은 왼쪽 앞바퀴는 기존 속력을 그대로 유지하고 있거든요. 이렇게 되면 좌우 불균형 때문에 차체는 오른쪽으로 방향을 틀면서 기존의 진행 방향과 다른 방향으로 진행합니다. 빛의 경우라면, 이렇게 매질의 경계로 진입하는 것을 '입사'한다고 말하고, 입사한 빛은 매질의 경계에서 속도 차이에 의해 굴절됐다고 표현할 수 있죠."

"아, 이해했어요! 만약 모래사장이 아니라 진흙탕처럼 속도가 더 느려지는 곳이라면 그만큼 더 많이 꺾이나요?"

"맞아요! 굴절되는 정도는 매질의 성질에 따라 다릅니다. 그래서 매질마다 빛이 굴절하는 정도를 숫자로 표현했고, 우리는 이를 '굴절률'이라고 불러요. 굴절률은 단위가 없는 값으로 진공에서의 굴절률을 기준값인 1로 정했고, 나머지 물질들은 이것에 상대적인 값으로 정해두었습니다. 참고로, 렌즈에 가장 많이 쓰이는 재료인 유리는 굴절률이 1.4 정도 됩니다. 이 숫자가 큰 매질일수록 굴절이 크게 일어나죠."

"그렇군요! 그럼, 매질의 경계면으로 진입하는 각도와는 어떤 관계가 있나요? 아까 자동차로 예를 들어 설명하실 때, 경계면에 수직으로 진입하면 굴절이 일어나지 않는다고 하셔서요."

"와, 예리한 질문인데요? 실제로 둘 사이엔 깊은 관계가 있습니다. 이 관계를 설명하기 위해서 과학자들은 굴절이 일어나지 않는 각도, 즉 수직으로 진입하는 각도를 0도로 정했어요. '수직이니까 90도라고 표현해야 하는 것 아니야?'라고 생각할 수 있지만, 경계면에 수직인 선분을, 기준을 세우고 이 선분과 빛이 이루는 각도를 기준으로 설명하는 것이 더 편리하거든요. 이렇게 경계면에 수직이 되는 기준선을 '법선'이라고 하고, 입사하는 빛이 법선과 이루는 각도를 '입사각'이라고 합니다. 이렇게 정하고 나니, '입사각이 커질수록 빛은 더 많이 굴절하는구나.'라고 쉽게 정리할 수 있는 거죠. 이해되셨나요?"

"네, 결국 빛은 매질의 굴절률과 입사각에 비례해서 그 경로가 변하게 된다는 말씀이군요."

"맞아요. 우리가 맨 처음 렌즈의 정의에 관해서 이야기할 때, '빛의 경로를 변화시킨다.'라는 대목이 있었는데 이것이 곧 굴절을 의미하는 것이고 애니가 방금 굴절의 성질에 대해 잘 정리해 주셨네요."

머피가 슬라이드를 전환하며 말했다.

"자, 이제 다음으로 나머지 절반인 '상을 형성한다'에 대해 알아봅시다. 애니! 우리가 어떤 물체를 '본다'라는 건, 빛이 그 물체에 부딪힌 후에 반사되어 나오는 빛을 보는 거죠? 여기 화면에 보이는 것처럼 물체에서 반사된 빛은 사방팔방으로 퍼져 나가게 됩니다.

나비의 윗부분과 아랫부분에 각각 빛이 도착하면, 그 곳에서 반사된 빛들은 모두 공간 전체로 퍼져 나가요. 이때, 오른쪽에 있는 이 파란색 면이 카메라 센서라고 한다면, 카메라에는 어떤 영상이 담길까요? 한번 상상해 보시겠어요?"

애니는 잠시 생각에 잠겼다가 대답했다.

"나비의 윗부분에서 나온 빛도, 아랫부분에서 나온 빛도 모두 다 센서 전체로 퍼졌으니 우리가 보는 영상은 뒤죽박죽 섞인 영상이 될 것 같아요. 흐릿한 영상처럼요."

"맞아요. 카메라도 나비도 그 자체론 아무런 문제가 없지만 빛이 퍼져 나가는 성질 때문에 이 둘만으로는 우리가 기대하는 영상을 만들 수 없어요. 이런 문제를 해결해 주는 것이 바로 렌즈입니다. 다음 화면을 보시죠.

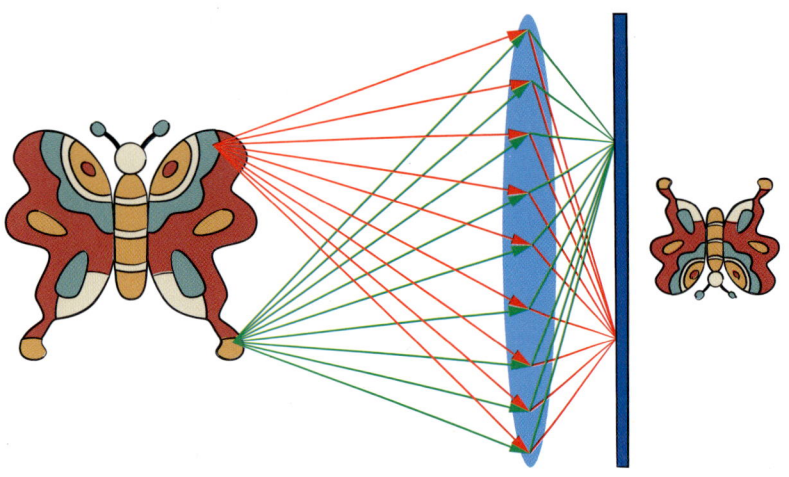

이 화면처럼 나비와 카메라 중간 적절한 위치에 렌즈를 위치하면 앞서 설명 드린 대로 빛의 경로가 변하게 됩니다. 경로가 어떻게 변했죠?"
 애니가 화살표를 자세히 살펴본 후에 말했다.
"나비의 위와 아래에서 나온 빛이 렌즈에 의해 꺾이면서 다시 한 점이 되어 카메라에 도착했어요!"
"맞아요. 물체에서 반사된 빛들이 서로 뒤섞이지 않고 다시 한 점으로 모였고, 카메라에는 선명한 나비의 영상이 찍혀 있겠네요. 물론 형상은 위아래가 뒤집히긴 했지만 또렷하게 나비의 형태를 재현해 냈는데 이러한 과정을 일컬어 '상을 형성한다.'라고 해요. '상'은 영어로 Image이기 때문에, '상을 형성한다.'라는 말 대신에 '이미징(Imaging)'이라고 줄여서 표현하기도 합니다."

애니는 열심히 고개를 끄덕이며 이해한 내용을 노트북에 받아 적었다.
"상을 형성한다 = 물체의 각 위치(또는 점)에서 출발한 빛이 굴절에 의해 다시 한 점으로 모여 물체의 모습을 재현해내는 것"

머피가 말했다.
"자, 이렇게 렌즈의 정체에 대해 함께 알아봤어요. 원리적인 내용은 최대한 배제했기 때문에 충분한 설명은 아닐 수 있지만, 이정도만 잘 이해하셔도 렌즈와 꽤 친해졌다고 말할 수 있을 거예요. 그럼 잠깐 쉬는 시간을 갖고, 이후에는 실제 업무 관점에서 제품의 데이터시트를 살펴보며 그 속에 등장하는 용어들에 대해 알려드리겠습니다."

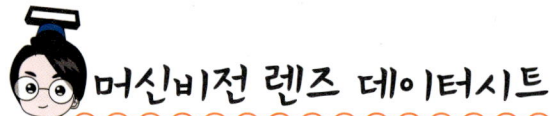 머신비전 렌즈 데이터시트

 두 사람은 각자 쉬는 시간을 가진 후 자리로 돌아왔다. 머피는 다시 화면 앞에 서서 애니에게 말했다.

"애니! 지금 보고 계신 이 표가 실제 제품의 데이터시트입니다. 렌즈의 중요한 사양을 설명한 자료라고 볼 수 있죠! 우리 회사에서 취급하는 렌즈 중 Schneider 회사에서 나온 Apo-Diamond 1.67배 렌즈의 제품 정보를 표로 정리한 건데요. 이번 시간에는 여기 있는 항목들이 어떤 의미를 갖는지 하나씩 알아보고자 합니다. 그럼 여기 데이터시트에 나와 있는 내용들을 한번 살펴볼까요?

브랜드	Apo-Diamond
모델명	1104011
배율범위	1.62~1.72x
중심배율	1.67x
초점거리	115mm
조리개 범위	3.2(3.2~8)
개구 수 [물체/이미지]	0.09 / 0.05
렌즈결합부	V70
이미지 서클	82mm
화각	49mm
대상체와 렌즈 사이의 거리	43(41.3~45.4)mm

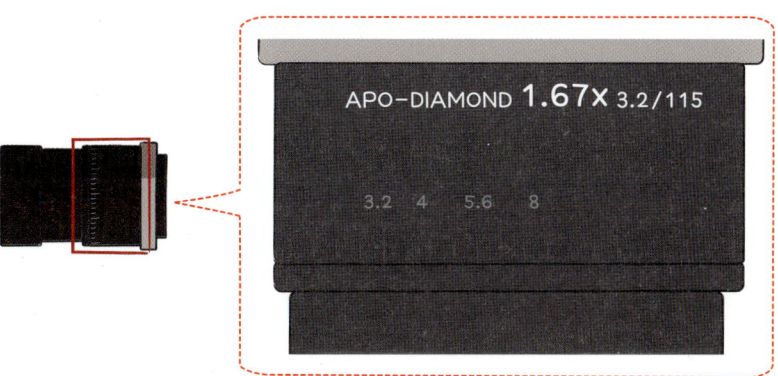

표의 첫 번째와 두 번째 행은 이 제품의 브랜드를 이야기해 주고 있네요. 세 번째 행에 등장하는 항목은 배율 범위입니다. 렌즈에서 배율은 빼놓을 수 없는 대표적인 항목이에요. 렌즈에 의해 물체가 얼마나 확대 또는 축소 되는지 나타내는 값이니까요. 이 렌즈는 1.62배에서 1.72배 사이의 범위로 배율을 조절할 수 있고, 표의 바로 아랫줄에 1.67배가 적힌 걸 보니 최적의 성능을 나타내는 배율은 1.67배임을 알 수 있습니다. 즉, 1m의 물체를 촬영하면 1.67m로 확대된다는 뜻이죠."

"그럼 배율이 1인 렌즈로 물체를 촬영하면 실제와 똑같은 크기로 이미징이 되나요?"

"맞아요. 참고로 배율은 이미지의 크기를 물체의 실제 크기로 나눈 값인데, 이 값이 1이라면 결국 이미지와 물체의 크기가 같다는 뜻이겠죠."

머피는 계속해서 설명을 이어 나갔다.

"그 다음, 배율 옆에 있는 숫자 3.2는 F-number를 의미해요."

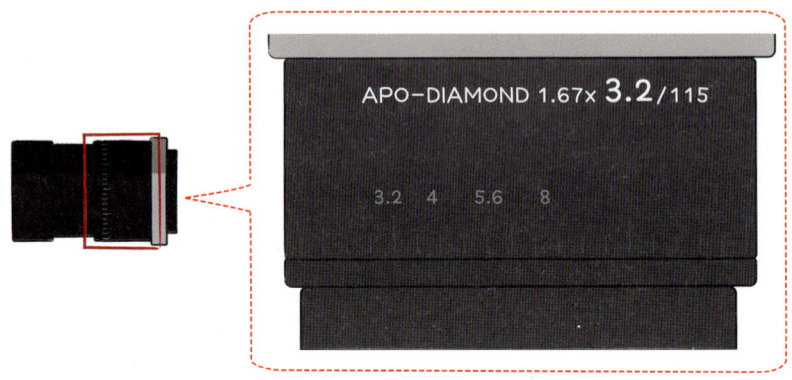

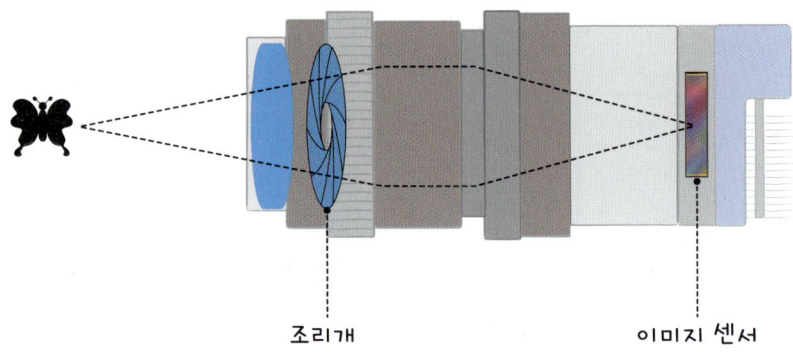

조리개　　　　　　　　　　이미지 센서

"음, F-number? 그건 뭐죠?"

"F-number는 렌즈가 얼마나 밝은지를 나타내는 거예요. 우리말로 조리개 값이라고도 하는데요. 렌즈가 얼마나 많은 빛을 받아들일 수 있는지를 나타내는 값이에요. 여기 화면에 보시는 것처럼 F-number값이 작을수록 조리개가 많이 열리게 되어 더 많은 빛을 받아들이게 됩니다. 이처럼 대부분의 렌즈는 내부 조리개를 열거나 닫으면서 F-number를 조절하도록 설계되어 있어요. 이 렌즈의 경우는 3.2부터 8까지 조절할 수 있어서 눈금에 맞춰 조절부를 회전시키면 조리개 직경이 그 값에 따라 조절됩니다. 조리개를 조절할 수 있도록 한 이유는 조리개 직경에 따라 이미지의 특성이 달라지기 때문인데요. 어떠한 특성에 변화가 있는지는 이렇게 표로 정리해서 보여드릴게요."

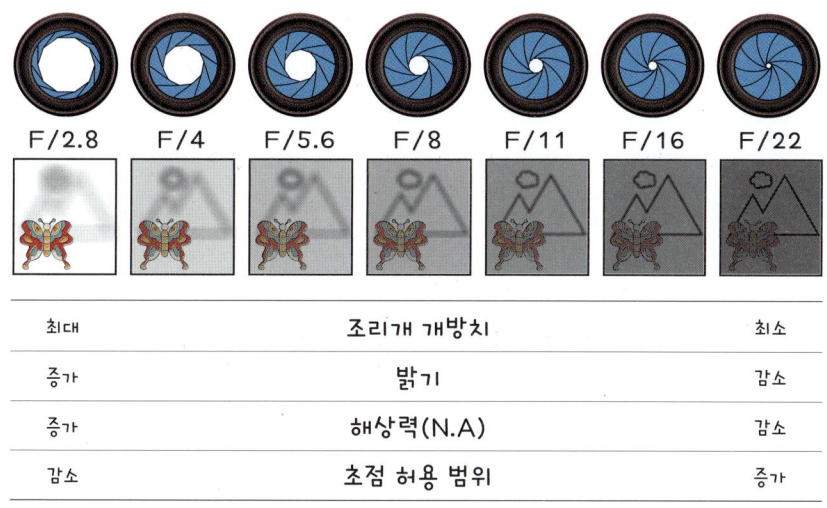

최대	조리개 개방치	최소
증가	밝기	감소
증가	해상력(N.A)	감소
감소	초점 허용 범위	증가

머피는 화면에 나타난 표를 가리키며 말했다.

"렌즈의 조리개를 조절하면 여러 가지 특성이 함께 변하게 되는데요. 조리개를 많이 열면 이미지는 더 밝아지면서 더 작은 물체도 잘 구분할 수 있게 되지만, 초점이 맺는 범위는 그만큼 감소하게 돼요. 물체의 초점을 맞추기 더 까다롭다는 뜻이죠.

"그렇군요! 상황과 환경에 따라 조리갯값을 적절히 조절할 필요가 있겠네요."

"맞습니다. F-number에 대한 설명은 이 정도로 마치고, 계속해서 다음 항목을 볼까요?"

머피가 화면을 전환했다.

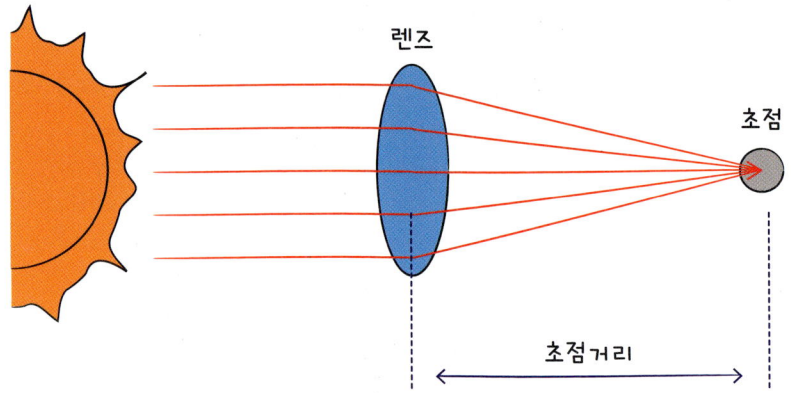

"다음은 초점거리입니다. 초점거리의 의미는 이렇게 설명할 수 있어요. 여기 그림과 같이 어떤 빛이 아주아주 멀리서 평행하게 날아와 렌즈를 통과하면, 굴절에 의해 어딘가 한 점에서 모이겠죠? 이때 빛이 모인 위치와 렌즈 표면 사이의 거리를 초점거리라고 합니다."

"아, 그러면 초점거리가 짧을수록 빛이 더 많이 굴절되는 건가요?"

"맞아요. 그리고 초점거리가 짧을수록 영상의 왜곡이 더 커지는 경향이 있습니다. 왜곡에 대해서는 조금 후에 다시 다룰게요. 초점거리도 렌즈에서는 중요한 항목이라 대부분 렌즈 겉면에 표기되어 있어요. 이 렌즈의 초점거리는 115mm이네요."

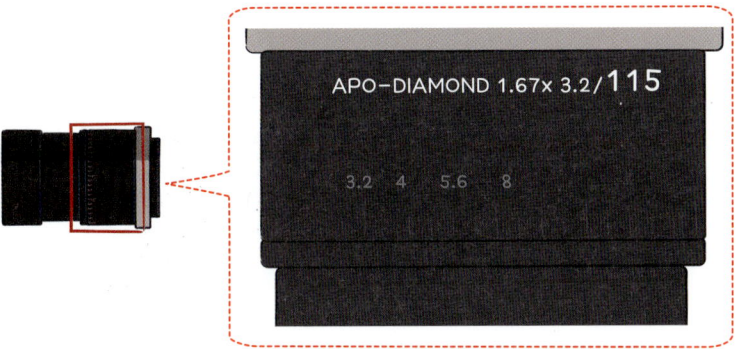

 ## 개구수(Numerical Aperture)

"다음에 나오는 개구수(Numerical Aperture)는 들어보셨나요?"

"개구수요? 아무래도 들어본 적이 없는 것 같아요. 그게 무엇인가요?"

"렌즈가 얼마나 많은 빛을 모을 수 있는지를 나타내는 지표예요. 영어로는 Numerical Aperture라고 하는데, 보통 NA라고 줄여서 표현합니다."

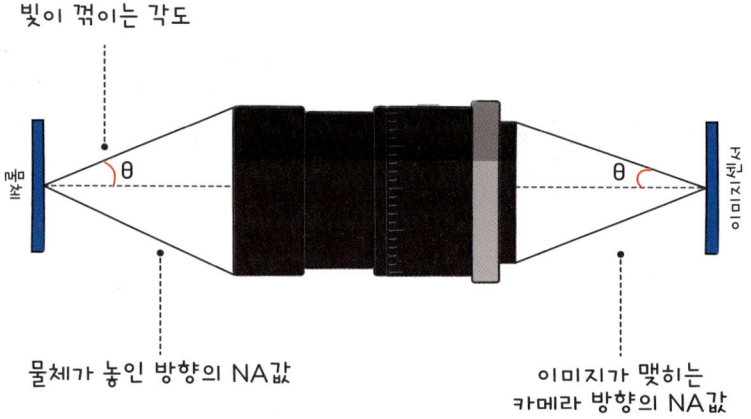

"그렇군요. 그럼 앞에서 설명해주신 F-number와 비슷한 거네요?"

"맞아요. NA는 렌즈에 의해 빛이 꺾이는 각도에 비례하는 값입니다. 여기 그림을 보시면, 물체의 한 점에서 나온 빛이 부채꼴 형태로 퍼지며 렌즈를 향해 나아가는데, NA가 큰 렌즈는 더 넓은 각도 범위의 빛을 받아들이기 때문에 결과적으로 더 밝은 이미지를 얻게 됩니다.

또한, 이 그림처럼 NA는 물체가 놓인 방향과 카메라가 놓인 방향에서 서로 다를 수 있는데요. 우리 표에도 보면 이 렌즈의 NA가 두 개의 값으로 표기되어 있어요. 앞에 적힌 0.09는 물체가 놓인 방향의 NA값이고, 0.05는 이미지가 맺히는 카메라 방향의 NA값입니다."

"그러면 NA가 크면 무조건 좋은 거네요?"

"음, 꼭 그런 것만은 아니에요. NA가 큰 렌즈를 사용하면 더 많은 빛을 모을 수 있고 이미지도 선명해지는 장점이 있지만, 물체와 렌즈 사이의 거리가 조금만 달라져도 초점이 쉽게 무너진답니다. 다르게 말하면, 가까운 물체가 멀리 있는 물체를 모두 이미징하고 싶을 때는 높은 NA를 가진 렌즈가 오히려 불리하다는 뜻이죠. 그래서 목적에 맞게 적절한 NA값을 갖는 렌즈를 선택하는 것이 중요합니다."

"아하! 무슨 말씀인지 알겠어요."

"좋아요! 이제 다음으로 마운트에 대해 알아봅시다!"

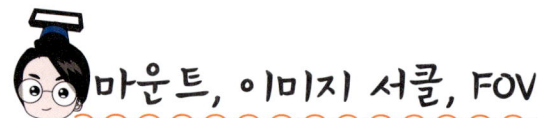
마운트, 이미지 서클, FOV

머피는 물 한 모금을 마시고, 말을 이어나갔다.

"마운트란 렌즈와 카메라의 연결부 규격을 말해요. 이 렌즈의 경우, V70 마운트를 사용하는데요. 풀이하자면, V타입의 70mm 지름을 갖는 마운트와 호환된다고 할 수 있겠습니다."

V-마운트   C-마운트   F-마운트   M-마운트

"아 저렇게 V 모양으로 생겨서 V-마운트이군요. 그러면 70은 무슨 뜻인가요?"

"70은 마운트의 크기를 의미해요. 마운트의 지름이 70mm라는 뜻입니다."

"정말 쉬운데요? 그렇다면 V말고 다른 마운트도 있나요?"

"네 맞아요. 마운트 타입은 체결 방식이나 형태에 따라 분류하는데요. V-마운트 뿐만 아니라 C-마운트, F-마운트 M-마운트 또는 특정 렌즈 제조사에서만 취급하는 특수한 타입의 마운트까지 다양합니다."

"아, 렌즈와 카메라를 결합하기 위한 약속인 거네요?"

"맞습니다! 다음에 나오는 용어 '이미지 서클'에 대해 살펴 볼까요?"

"이미지 서클? 처음 들어보는 용어에요!"

"이미지 서클이란 렌즈에 의해 만들어지는 상의 최대 크기를 말합니다. '서클'이라는 표현을 사용하는 이유가 있는데요. 시중에 판매되는 안경이나 선글라스는 렌즈가 타원형, 사각형 등 다양한 형태이지만 산업용으로 사용하는 렌즈는 대부분 원형이라서 렌즈를 통과한 물체의 이미지도 이 원의 내부에서만 형성되도록 제한되기 때문이에요. 마치 동그란 창으로 세상을 바라보는 것과 같아서 이미지 서클 바깥은 빛이 없는 어두운 영역이 됩니다. 여기 데이터시트에 나와 있는 82mm라는 수치는 이미지 서클의 지름 길이를 의미해요."

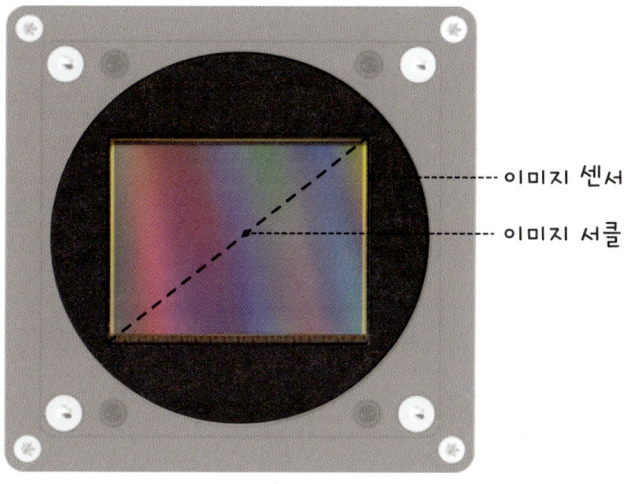

애니가 가볍게 손을 들었다.

"이미지 서클은 카메라 센서가 있는 위치에 만들어지는 건가요?"

머피가 고개를 끄덕이며 말했다.

"네. 그렇기 때문에 이 그림과 같이 이미지 서클이 센서의 면적을 전부 품을 만큼 커야 해요. 그렇지 않으면 이미지 서클 바깥의 어두운 부분이 센서 면적의 일부를 차지하게 되면서 우리가 보는 화면에도 어두운 부분이 그대로 표현되거든요. 결론적으로 센서의 대각선 길이보다 더 긴 이미지 서클을 갖는 렌즈를 선택하는 것이 중요합니다. 종종 이미지 서클의 단위를 밀리미터가 아닌 인치로 표기하기도 하는데요. 이때의 1인치는 본래의

25.4mm가 아닌 16mm라는 것에 유의해야 합니다. CCD 센서가 도입되기 전인 1950년대에 텔레비전 이미지를 포착하기 위해 진공관에 기반한 장치를 사용했는데, 1인치 직경의 튜브 안에 들어가는 사각형 센서의 대각선 길이가 실제로는 1인치의 2/3인 약 16mm였다고 합니다. 그때부터 표기되던 것이 지금까지 관행으로 남게 되었어요."

"아! 그렇군요 이제 이해가 되었어요."

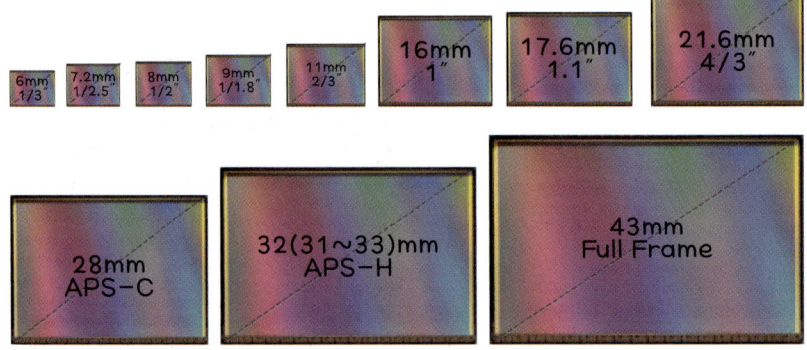

"다음은 화각입니다. 시야각이라고도 표현하는데, 영어로는 Field Of View 또는 줄여서 FOV라고 부릅니다. 일상에서는 주로 각도의 개념으로 통용되는데, 머신비전 산업에서는 각도보다는 면적의 개념으로 이해되는 경우가 많습니다. FOV는 카메라와 렌즈를 통해 바라보는 물체의 최대 면적을 의미해요.

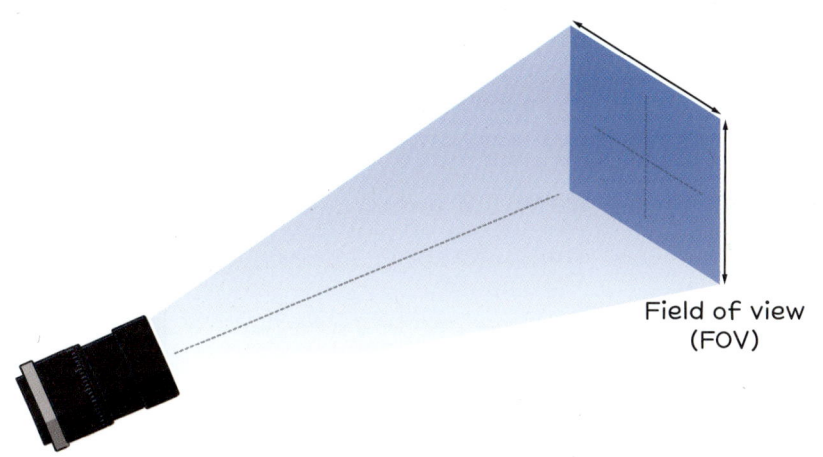

조금 전 설명 드린 이미지 서클이 이미지 센서에 맺히는 상의 최대 크기라면, FOV는 관측할 수 있는 물체의 최대 크기를 뜻합니다. 이미지 서클과 FOV의 관계를 잘 생각해 보면, 이미지 서클과 배율을 이용해서 FOV를 계산할 수 있게 됩니다. 이 렌즈는 우리가 보고 있는 물체를 1.67배 확대시켜 상을 형성하는데요. 이때 만들어지는 상의 최대 크기는 이미지 서클값인 82mm임을 알고 있으니까 반대로 82mm의 1.67배만큼 축소된 크기가 우리가 보고 있는 물체의 최대 크기인 FOV 49mm가 됩니다. 즉, FOV와 이미지 서클은 렌즈의 배율만큼의 차이가 있다는 뜻이죠."

Working Distance

 머피는 숨을 고르고 설명을 이어갔다.

"자, 이제 우리 표의 마지막 항목인 '알맞은 초점 위치에서의 물체와 렌즈 사이의 거리'에 대해 살펴봅시다. 이것도 우리말보다는 영어 표현이 더 자주 쓰이는 데요, Working Distance 혹은 줄여서 WD라고 한답니다. Working이라니 렌즈가 무슨 '일'이라도 한다는 건가 하실 수도 있는데, '일'보다는 잘 '동작'하기 위한 '거리'라고 생각하면 좋을 것 같아요. 카메라에 렌즈를 결합하고 실제 촬영을 시작할 때, 렌즈가 제 성능을 잘 발휘하기 위해 확보해야 할 물체와의 거리를 뜻합니다.

사실 엄밀히 이야기하면, 피사체와 렌즈 맨 앞 표면 사이의 떨어진 거리는 Free WD라고 부릅니다. 간혹 이 WD와 Free WD를 혼용하는 경우가 있는데, 둘 다 물체로부터 거리를 재는 것은 동일하지만 WD의 경우에는 기준이 되는 위치가 렌즈의 맨 앞부분이 아닌 다른 곳에 있습니다. 이게 무슨 말인지 그림을 통해 설명해 드리겠습니다.

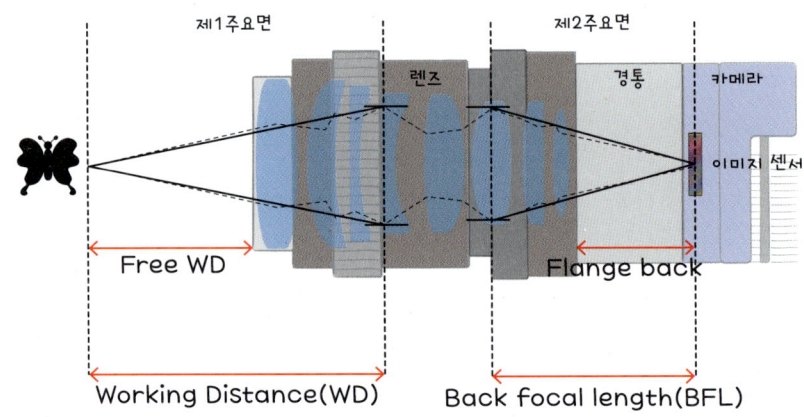

"자, 여기 카메라와 렌즈를 이용해 나비 한 마리를 찍는 상황을 보겠습니다. 나비의 한 점에서 나온 빛이 일정한 각도를 가지며 렌즈로 입사하는데요. 이 빛은 렌즈 내부에서 여러 형태의 단일 렌즈들에 의해 이렇게 저렇게 굴절되며 나아갑니다. 그러다 보면 언젠가 빛이 평행하게 진행하는 순간이 오는데, 그 평행선과 나비의 한 점으로부터 시작되어 렌즈에 입사한 빛의 연장선이 만나는 위치를 '제1 주요면'이라고 합니다. WD는 바로 이 '제1 주요면'으로부터 물체 사이의 거리를 의미하죠. 사실 사용자 입장에서는 WD 보다는 Free WD가 더 유용합니다. 렌즈 앞단과 물체 사이의 간격을 알고 있으면, 렌즈를 처음 설치할 때 얼마큼의 여유 공간이 필요한지 가늠할 수 있으니까요. 그리고 초점을 맞출 때에도 Free WD 근처에 렌즈를 위치하면 훨씬 수월하고요."

애니가 말했다.

"그렇네요. 여기 표처럼 WD값이 적혀 있으면 렌즈와 피사체가 얼마나 떨어져 있어야 하는지 미리 파악할 수 있겠네요."

머피가 말했다.

"그렇죠. 머신비전 검사 장비를 설계할 때 참고가 되는 값입니다. 그리고 한 가지 더 알아두면 좋은 개념이 있는데요. 물체 방향이 아닌 카메라 센서 방향에서도 같은 이야기를 할 수 있습니다. 앞서 설명해 드린 Free WD를 카메라 센서 측면에서는 플랜지 백(Flange back)이라 하고, WD는 후 초점거리 혹은 Back Focal Length(BFL)에 대응합니다. BFL의 경우에도, 렌즈 내부의 평행선과 이미지 센서에 도달하는 빛의 연장선이 만나는 위치를 기준으로 삼아 길이를 측정하는데, 이 기준 위치를 '제2 주요면'이라고 합니다. 플랜지 백은 렌즈의 마운트와 카메라 센서 사이의 거리를 뜻하기 때문에 렌즈와 카메라를 연결해 주는 경통의 길이를 설계할 때 참고하는 값입니다.

결론적으로, 렌즈 앞면과 물체 사이의 거리인 Free WD, 렌즈 마운트와 이미지 센서 사이의 거리인 플랜지 백을 참고해서 물체와 렌즈 그리고 카메라를 위치하면 그 렌즈가 갖는 최적의 배율에서 선명한 이미지를 얻을 수 있습니다."

머피가 회의실 뒤쪽에 매달린 시계를 바라보며 말했다.

"여기까지가 렌즈의 데이터시트에서 다루는 주요한 항목에 대한 소개였습니다. 잠깐 쉬었다가 다음 교육을 진행하도록 하겠습니다."

 렌즈의 성능을 평가하는 주요지표 : MTF

 시간이 되어 머피가 코코와 함께 회의실로 돌아왔다. 코코는 양손에 커피와 다과를 들고 곧장 애니에게 다가가 건네 주었다.
"피곤할 시간인데, 카페인과 당분을 좀 보충합시다!"
 애니가 웃으며 말했다.
"마침 커피가 생각나던 참이었는데 감사합니다."
 머피가 화면 앞으로 나아가며 말했다.
"이번 시간에는 렌즈의 성능 평가와 관련된 이야기를 해볼까 합니다. 앞시간에 설명 드린 내용은 렌즈 제품의 특징을 나열한 데이터시트에 관한 것이었는데, 사실 여기에 나타난 항목들만 봐서는 이 렌즈의 성능이 좋은지 나쁜지 판단하기가 어렵습니다. 데이터시트를 참고하면 이 렌즈가 사용자 환경에 적합한 조건을 갖췄는지 여부는 판단할 수 있지만 조건을 만족하는 렌즈들 사이에서 성능을 서로 비교하려면 실제 물체를 촬영하며 분석한 데이터가 필요하거든요.
렌즈의 성능을 평가하는 지표에는 여러가지가 있지만, 그 중에서 이번 시간에는 MTF에 대해 소개하겠습니다. MTF는 Modulation Transfer Function의 약자로, 우리말로는 변조 전송 함수 정도로 풀이할 수 있어요. MTF라는 용어 자체는 정보처리나 신호처리 분야에서 많이 사용되고 있는데, 광학에서는 이를 어떻게 적용하고 있는지 살펴봅시다."

MTF = Modulation Transfer Function

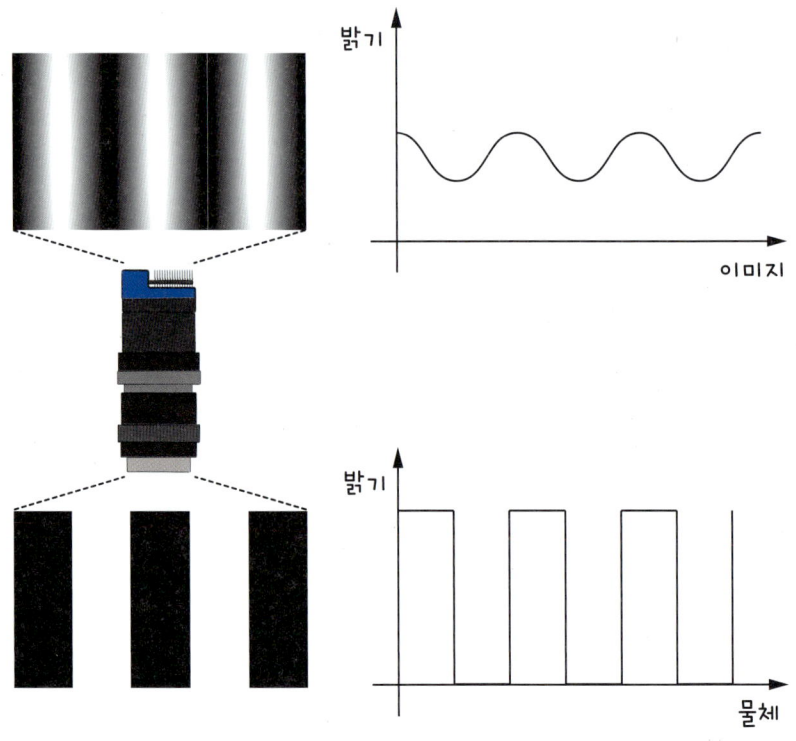

머피가 화면을 보며 말을 이어나갔다.

"광학에서 MTF를 측정한다는 것은 피사체의 명암비를 렌즈가 얼마나 잘 구현하는지 확인해 본다는 건데요. MTF를 정량적으로 측정하기 위해서는 특수하게 제작된 시료가 필요합니다. 자, 이 화면을 같이 볼까요? 왼쪽에 '물체'라고 쓰여 있는 그림을 보시면, 검은색과 흰색 막대가 교차하는 패턴 형태를 띠고 있습니다. 막대 형태의 패턴이라고 해서 라인 패턴(Line pattern)이라고 부르기도 하죠. 이 물체의 밝기를 그래프로 그린다면 아래와 같이 될 텐데요. 검은색의 밝기를 0, 흰색의 밝기를 1이라고 하면 0과 1이 반복되는 형태로 표현될 겁니다. 그려놓고 보니 마치 0과 1이 반복되는 디지털 변조(Modulation) 신호처럼 보이기도 하네요. 이제 렌즈를 이용해 이미징해 봅시다. 그럼 실제 물체처럼 또렷한 이미지를 얻을 수 있을까요?"

애니가 답했다.

"아무래도 실제 물체와 100% 일치하진 않을 것 같아요."

머피가 말했다.

"그렇죠. 여기 보이는 '이미지'처럼 흐릿하게 찍힐 테고, 마찬가지로 밝기 값을 그래프로 그려본다면 아래와 같이 표현될 것 같네요. 그래프의 밝기 변동 폭도 줄었고, 검은색과 흰색의 경계도 흐려지면서 기존에 물체가 가지고 있던 변조가 렌즈에 의해 전송되는 과정에서 손실이 되었습니다. 좋은 렌즈일수록 이러한 손실이 덜하기 때문에 MTF를 측정하는 것이 결국 렌즈의 성능을 대변한다고 할 수 있습니다. 다시 말해, 렌즈에서의 MTF는 일종의 선명도 점수로서 물체의 실제 선명도 혹은 명암비를 렌즈가 얼마나 손실 없이 잘 구현해 내는지 나타내는 지표로 활용될 수 있습니다."

애니가 고개를 몇 차례 끄덕인 후에 가볍게 손을 들어 올렸다.

"궁금한 게 있어요. 저 물체의 검은색과 흰색 부분의 폭이 두꺼워지면 같은 렌즈를 통해 보더라도 손실은 더 적어지나요?"

머피가 미소를 띠며 대답했다.

"네, 아주 예리하시네요. 실제 우리의 눈도 그렇듯이 패턴이 더 얇고 촘촘할수록 선명하게 이미징을 할 수 없어요. 같은 렌즈를 사용하더라도 이미징하는 패턴의 두께에 따라 MTF는 달라지기 때문에 MTF값을 적을 때는 반드시 라인 패턴의 두께도 함께 표기해야 합니다. 다만, 두께 그 자체보다는 1mm 안에 몇 개의 라인 패턴이 있는지 환산해서 표현하죠. 예시를 하나 보여드리겠습니다."

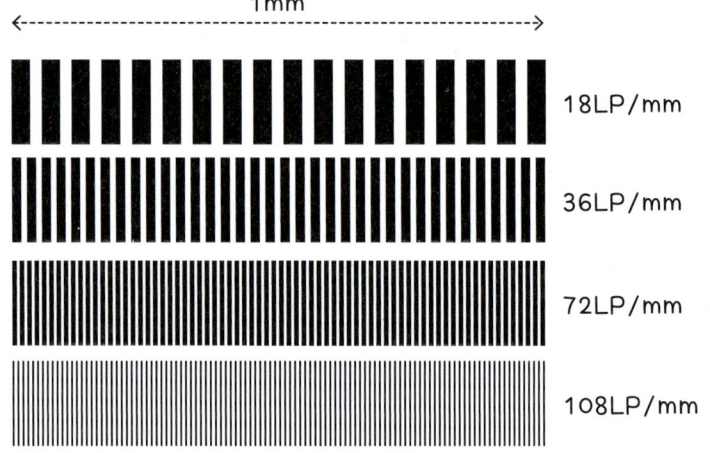

머피는 화면을 전환하며 설명을 이어나갔다.

"라인 페어를 이미징하여 얻은 MTF 데이터는 이렇게 도표 형식으로 표현할 수 있는데요. 이것을 MTF 차트라고 부릅니다."

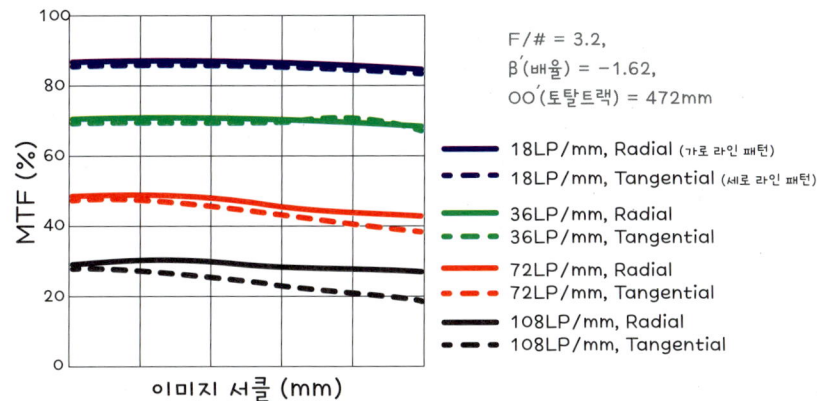

차트의 포맷은 렌즈 제조사마다 조금씩 다르지만 대체로는 가로축에 이미지 서클, 세로축에 MTF값을 두는 게 일반적이에요. 가로축을 따라 렌즈의 중앙부터 최외각 부분까지 MTF를 보여주고 있는데, 렌즈 중심과 외곽의 MTF값이 일정하게 유지되면서 높은 MTF값을 가질수록 좋은 렌즈라고 평가할 수 있습니다. 차트의 오른쪽에는 이 렌즈의 조리개 값과 ß(베타)라고 표현된 배율 그리고 OO'로 표현된 카메라와 물체 사이의 거리 정보가 함께 표기되어 있습니다."

"차트 옆에는 Lp/mm라는 단위를 사용하는 네 개의 숫자들이 보이는데요. 이것은 무엇을 의미하나요?"

"여기서 Lp는 라인 페어(Line pair)를 줄인말인데, 검은 막대와 흰 막대 한 쌍을 1 라인 페어라고 합니다. 그러니까 여기 18Lp/mm는 1mm 안에 검은 막대와 흰 막대 18쌍이 있다는 뜻이고, 108Lp/mm는 무려 108쌍이 들어 있다는 뜻이죠. 이를 통해, 두께가 서로 다른 네 종류의 라인 페어 패턴을 이미징했다는 것을 알 수 있고, 그래프도 그에 맞게 네 종류의 선으로 그려 놓은 걸 확인할 수 있습니다. 여기 화면에서는 어떤 그래프가 어떤 라인 페어에 해당하는지 색으로 구분하여 표기했지만, 만약 별도 표기가 없더라도 Lp/mm값이 작을수록 더 두꺼운 라인 페어를 이미징했을 테니 네 개의 그래프 중 가장 높은 수치의 그래프가 가장 작은 Lp/mm에서 얻은 데이터라고 짐작할 수 있습니다.

그리고 아래쪽 표기에 각각 Radial(또는 Sagittal)과 Tangential(또는 Meridional)을 적어두었는데요. 여기 그림에서와 같이 가로 방향의 패턴과 세로 방향의 패턴을 이미징 할 때 MTF 성능이 달라서 이 둘을 서로 구분하여 측정하곤 합니다. 일반적으로는 이 Radial 라인이 Tangential 라인보다 높은 MTF값을 갖게 됩니다.

이렇게 MTF 차트를 확인하면 렌즈의 성능이 어느 정도인지 파악할 수 있습니다. 동일한 모델의 렌즈 여러 대로 같은 라인 페어를 촬영해서 제품 간 성능 편차를 비교할 수 있고, 단일 렌즈의 대해서는 이미지 서클의 중앙과 외각을 아우르는 MTF값을 통해 전체 영역에 대한 성능 균일도를 확인할 수 있습니다."

머피가 화면을 전환하며 말했다.

"다음 그래프도 함께 보시죠. 이 그래프는 주변광량비를 나타내는 그래프입니다. 가로축은 여전히 이미지 서클이고, 세로축은 상대 밝기를 퍼센트(%)로 표기하고 있어요. 데이터가 갖는 의미는 간단한데요. 렌즈 중앙의 밝기를 100%로 삼았을 때, 외각으로 갈수록 밝기가 얼마나 감소하는지를 설명하고 있습니다. 이 렌즈의 경우, 그래프 오른쪽에 표기된 조리개와 배율에서 최소 95% 이상의 밝기 균일도를 보여주고 있네요."

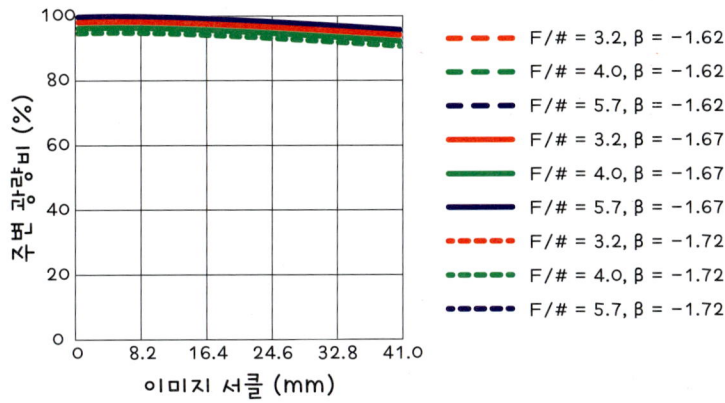

"다음 그래프는 렌즈의 왜곡을 측정한 그래프입니다.

왜곡은 촬영한 영상이 휘거나 찌그러져 보이는 현상을 말하죠. 왜곡은 렌즈에 의해 형성된 이미지가 물체에 실제 크기보다 커지거나 작아지는 것 수치화한 건데요. 마찬가지로 렌즈 중앙을 기준으로 외각의 성능을 표현하고 있습니다.

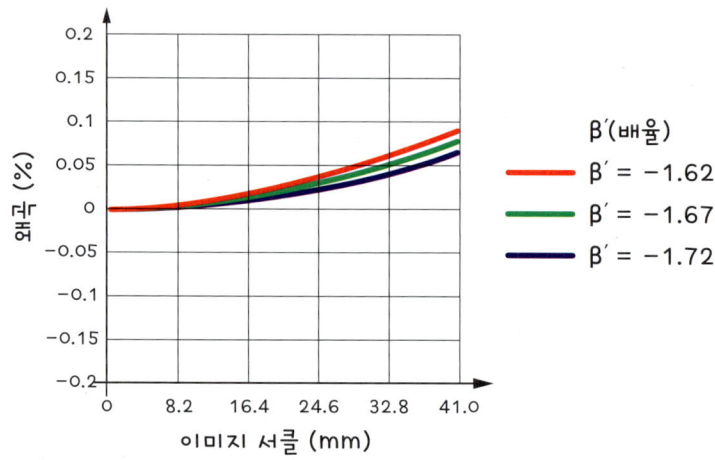

왜곡 그래프는 양의 방향이나 음의 방향으로 휘어지게 돼요. 지금 예시처럼 양의 방향으로 휘어진다는 것은 중앙보다 외각이 커지는 방향으로 왜곡이 생긴다는 뜻인데, 이를 핀쿠션(Pincushion) 왜곡이라고 합니다. 여기 그림과 같이 왜곡의 모양이 마치 바느질 쿠션처럼 생긴 데에서 유래했어요. 반대로 실제 크기보다 작아지는 경우엔 배럴(Barrel) 왜곡이라고 하고, 모양이 마치 술통처럼 생겨서 붙여진 이름이랍니다."

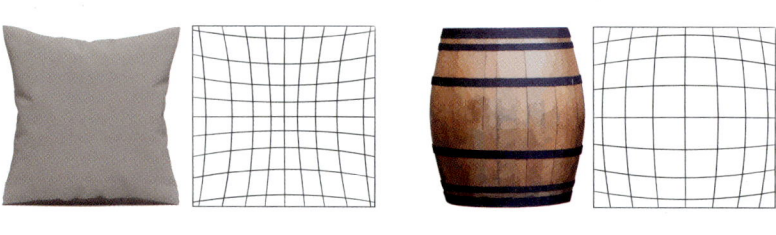

— 핀쿠션 왜곡(+) —   — 배럴 왜곡(−) —

머피가 벽걸이 시계와 애니를 번갈아 보며 말했다.

"이제 거의 다왔어요! 마지막 차트는 투과율 그래프입니다. 투과율은 말 그대로 각 파장마다 들어온 빛이 얼마나 렌즈를 투과할 수 있는지를 의미해요. 주로 렌즈에 의해 반사되거나 흡수되어 손실되는 광량이 얼마인지 확인하는 용도로 사용하죠."

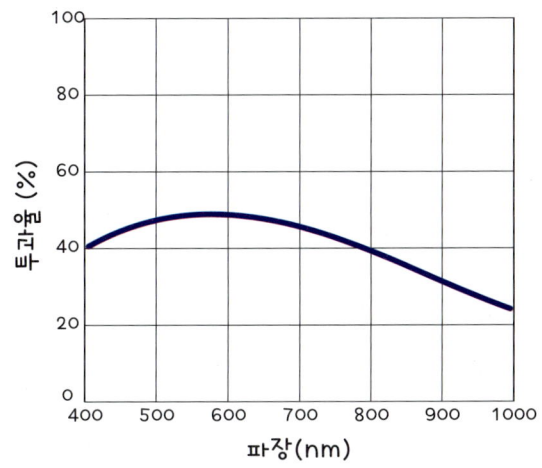

"자, 이렇게 저와 함께하는 렌즈 교육은 이것으로 마치려고 합니다. 어떠셨어요? 질문을 하셔도 좋아요"

애니가 노트북에 정리한 내용들을 훑어보며 말했다.

"조금 의외였어요. 렌즈에 대해 배운다고 해서 어릴 때 배웠던 광학이나 수학 공식들이 많이 나올 줄 알았거든요. 부담 없이 잘 들을 수 있었습니다. 복습은 좀 해야겠지만요. 하하하"

"네, 애니! 물리적 내용은 최대한 배제하고 용어 설명 위주로 교육을 진행해 보았는데 낯선 단어들이 연이어 등장해서 소화하기 어려웠겠다 생각해요. 말씀하신 대로 오늘 배운 내용을 한번 복습해 보면서 렌즈와 더 친해지고, 이후에 더 심화된 내용도 호기심을 갖고 학습해 보길 추천해요."

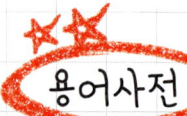

용어사전

렌즈 (Lens) 빛의 경로를 변화시켜 상을 형성하는 역할을 하는 투명한 광학 장치예요.

굴절 (Refraction) 빛이 매질을 통과할 때 진행 방향이 변하는 현상이에요.

매질 (Medium) 빛이 통과하거나 반사되는 물질이에요.

굴절률 (Refractive index) 매질에서 빛의 속도가 변하는 비율을 나타낸 값이에요.

이미징 (Imaging) 한 점에서 출발한 빛이 광학기구들에 의해 굴절 혹은 반사되어 다시 한 점에 맺히는 현상을 의미해요.

배율 (Magnification) 이미지의 크기와 실제 물체의 크기 간의 비율이에요.

F-number (F/#) 조리개 값을 의미해요.

초점 (Focal point)	렌즈에 평행하게 입사한 빛이 굴절되어 수렴하는 한 점을 말해요.
초점거리 (Focal length)	렌즈의 중심과 초점까지의 거리를 말해요.
N.A. (Numerical Aperture)	렌즈에 의해 센서에 도달하는 빛의 양과 관련된 지표로서 렌즈의 조리개 구경과 초점거리 간의 비율을 의미해요.
마운트 (Mount)	렌즈를 카메라 본체에 결합하기 위한 규격 또는 물리적 연결 장치예요.
이미지 서클 (Image circle)	센서 표면에 형성되는 이미지의 원형 영역으로, 렌즈에 의해 만들어지는 상의 최대 크기를 말해요.
FOV (Field Of View)	렌즈를 통해 볼 수 있는 물체의 최대 영역이에요.
WD (Working Distance)	렌즈의 제1주요면과 물체 표면 사이의 거리를 말해요.

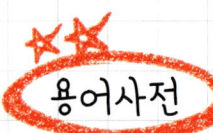
용어사전

Free WD (Free Working Distance) 렌즈의 가장 앞부분과 물체 표면 사이의 거리로서 렌즈와 물체 사이의 물리적 거리를 뜻해요.

BFL (Back Focal Length) 렌즈의 제2 주요면과 센서 표면 사이의 거리를 말해요.

Flange focal distance 일반적으로 렌즈 마운트의 시작 부분과 센서 사이의 거리로, 초점을 맞추기 위해 렌즈와 카메라 사이에 확보해야 할 거리를 말해요.

MTF (Modulation Transfer Function) 변조전송함수라고 불려요.

Lp/mm 1mm 안에 포함된 검은색과 흰색 선분 쌍의 수를 의미해요.

주변 광량비 (Relative illumination) 이미지의 중앙 부분과 주변부 간의 밝기 비율을 말해요.

왜곡 (Distortion) 렌즈에 의해 형성된 이미지가 원래의 형태를 잃고 변형되는 현상을 말해요.

핀쿠션 왜곡 (Pincushion distortion)	이미지의 주변부로 갈수록 원래의 형태보다 더 확대되어 길이가 늘어나는 왜곡 현상을 의미해요.
배럴 왜곡 (Barrel distortion)	이미지의 주변부로 갈수록 원래의 형태보다 더 축소되어 길이가 짧아지는 왜곡 현상을 의미해요.
투과율 (Transmittance)	렌즈를 통과한 빛과 기존의 빛의 세기 비율을 의미해요.

3장
머신비전에서 조명의 역할?

조명

3장
머신비전에서 조명의 역할?

애니는 렌즈센터에서 나와 조명 R&D센터로 향했다. 조명 R&D센터에는 각종 조명과 실험 장비들이 줄지어 놓여 있었고, 조명 테스트를 하느라 모든 불이 꺼져 있었음에도 불구하고, 테스트 되고 있는 반짝반짝한 조명들로 인해 환한 분위기가 연출되었다. 처음으로 이곳에 발을 디딘 애니는 진행 중인 조명 프로젝트를 신기하게 바라보았다.

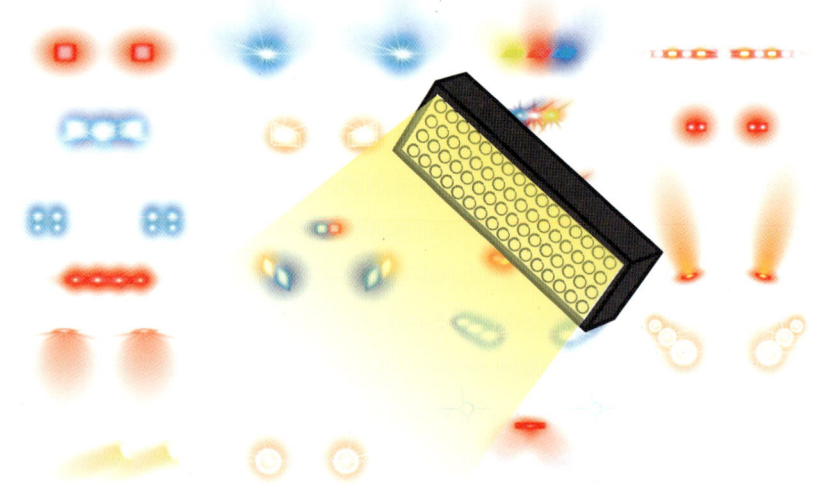

그때, 빌리가 다가와 애니를 반겨주었다. 빌리는 조명 R&D센터에서 개발한 Envit 조명의 성능 평가를 진행 중에 있었다.

"애니, 만나서 반가워요! 렌즈 교육 시간에는 어떤 것을 배웠나요?"

애니는 미소를 지으며 답했다.

"음, 데이터시트를 살펴보면서 렌즈의 성능을 나타내는 지표들을 하나하나 배웠어요. 그런데 조명이 렌즈에도 중요한 영향을 미친다는 걸 알게 되었고, 더 자세히 알고 싶어서 조명 R&D센터로 찾아오게 되었네요."

빌리는 웃으면서 설명했다.

"아 그랬군요. 그렇다면 잘 왔어요. 조명 R&D센터는 머신비전 분야에서 사용되는 최신 조명 기술들을 통해 다양한 조명들을 개발하고 있어요. 우선 머신비전에서 조명이 왜 중요한지 그 역할에 대해 자세하게 설명해 드릴게요!"

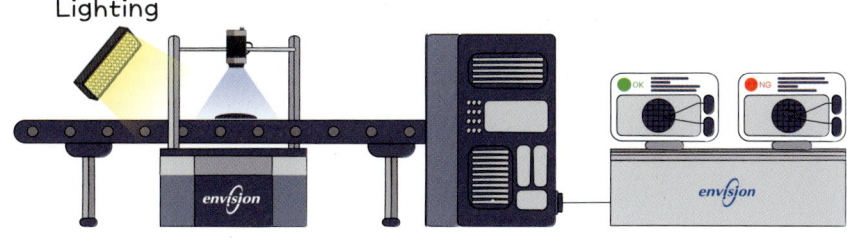

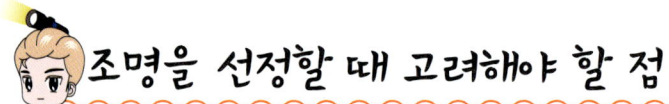 조명을 선정할 때 고려해야 할 점

　빌리는 한 회의실로 장소를 옮겨서 조명에 대한 설명을 이어나갔다.
"머신비전에서 조명이 하는 역할은 카메라가 물체를 더 잘 볼 수 있도록 돕는 거예요! 조명을 잘 선정하기 위해서는 빛의 특성, 물체의 특성, 이미지 결과를 면밀히 고려해야 합니다. 그리고 주변 환경을 염두해서 적절히 배치해야 하죠."
"조명 선정할 때는 빛의 특성, 물체 특성, 이미지 결과 이 세 가지 특성이 특히 중요하단 말씀이시죠?"
"네 맞아요. 그 중에서 가장 중요한 '빛의 특성'에 대해 먼저 이야기해 보도록 하죠!"
　빌리가 말했다.
"머신비전 시스템에서 빛의 밝기는 항상 일정해야 합니다. 만약 조명의 빛이 밝아지거나 어두워지면 우리가 검사하는 물체의 결함으로 인식될 수 있기 때문이죠. 그래서 밝기가 일정한 조명을 선정하는 것이 중요합니다. 애니가 알고 있는 조명에는 어떤 것들이 있나요?"
　애니는 잠시 생각하다가 대답했다.
"음… 집에서 사용하는 형광등, 전구, LED, 할로겐 정도요?"
"그렇다면 이 중에서 머신비전에서 사용하기에 적합한 조명은 무엇이 있을까요?"
　빌리의 물음에 애니는 자신감 있게 대답했다.
"제 생각에는 LED가 맞을 것 같은데요? 안정적으로 오래 쓸 수 있잖아요."
"맞아요, 애니! 머신비전에서는 방금 대답한 LED를 주로 사용해요. LED로 만든 조명은 까다로운 머신비전 분야의 요구사항들을 잘 충족시킬 수 있기 때문이죠. 애니가 이야기한 것처럼 LED 조명은 다른 종류의 조명에 비해 더 강하고 안정적인 밝기를 제공해요. 그리고 빛의 색깔도 적절하게 바꿀 수 있고, 유지 보수 측면에서도 빠르게 켜고 끌 수 있습니다."

애니는 빌리의 설명을 이해한듯 고개를 끄덕였다.

"하지만 애니, LED에는 여러 종류가 있어서, 각각의 특성과 용도가 달라요. 머신비전에서는 어떤 특성을 갖는 LED가 더 유리할까요?"

"음… 일상생활에서 사용하는 LED와 차이점이 있나요?"

	머신비전 조명	일반 조명
재료	Metal halide lamp, Laser, LED	백열전구, 형광등, LED
목적	물체 검출, 측정, 품질 통제 및 검사	주로 환경 조명, 가시성 개선 및 분위기 조성
밝기	보통 고휘도 (저휘도도 필요)	공간 크기에 따라 다르며 다양한 밝기 레벨
일관성 & 안정성	중요 (Flicker Free 및 엄격한 안전 기준 필요)	덜 중요
균일도	중요 (Flicker Free 및 엄격한 안전 기준 필요)	덜 중요
색	물체에 적합한 파장대 선택 필요	전구색, 주백색, 주광색 등 색온도에 따라 선택
에너지 효율성	다른 요소에 비해 덜 중요	가격/수명/효율 비교하여 저렴한 쪽 선택
조명 방향 / 분포	다양한 조명 방향/광분포 필요	주로 상하조명/중앙조명/ 일반적인 방향 사용
스위칭 / 조절	스위칭 & 조절 필요	스위칭 필요, 밝기조절은 선택적

"네. 머신비전에서 사용하는 LED와 일반 가정에서 사용하는 LED는 중점적으로 고려하는 특성이 다른데요. 조명의 색온도, 스펙트럼 특성, 밝기의 균일성 등이 머신비전에서 중요한 요소입니다."

애니는 흥미롭게 물었다.

"그럼 머신비전용 LED는 어떤 점에서 다르게 사용되나요?"

"머신비전용 LED는 특정 색 온도와 파장을 가지도록 설계되어 있어서 검사하는 물체의 특성을 더 명확하게 볼 수 있게 해줍니다. 밝기의 균일성을 유지하여 검사의 정확도를 높일 수 있고, 특정 파장의 빛을 이용해 제품을 검사할 때 더 유리하도록 바꾸기도 합니다."

"그렇군요. LED의 특성에 따라 다양한 방식으로 사용할 수 있겠네요."

"네! 그래서 머신비전 시스템에서는 적절한 LED조명을 선택하는 것이 매우 중요해요. 이제 빛의 밝기를 어떻게 측정하는지 알아볼까요?"

"네, 좋아요!"

애니가 힘차게 대답했다.

"먼저, 빛의 밝기를 표시하는 단위부터 알아두면 좋겠어요. 여러 단위가 있지만, 가장 빈번하게 사용하는 것은 룩스(Lux)와 루멘(Lumen)입니다."

애니는 궁금한 표정으로 물었다.

"두 단위가 어떻게 다른가요?"

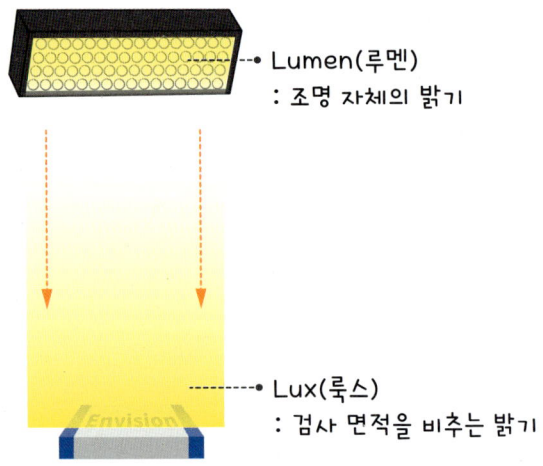

"루멘은 조명에서 방출하는 전체 빛의 양을 나타내요. 쉽게 말해, 조명이 얼마나 밝게 빛나는지를 측정하는 단위입니다. 예를 들어, 손전등이나 전구 중에 더 밝은 것을 찾으려면 루멘값(lm or lumen)을 비교하면 됩니다. 반면, 룩스는 빛이 특정 면적에 얼마나 밝게 비추는지를 측정하는 단위(lx or lux)예요. 예를 들어, 책상 위에 전등을 켰을 때, 전등이 책상을 얼마나 밝게 비추는지 알고 싶다면 룩스값을 확인하면 됩니다."

"그렇군요. 그럼 언제 루멘을 사용하고 언제 룩스를 사용하는지 알려주세요."

"루멘은 소스 조명의 전체 밝기를 비교할 때 사용해요. 예를 들어, 두 개의 전구가 있을 때, 어떤 전구가 더 밝은지 비교할 때 루멘을 보면 됩니다.

반면에 룩스는 특정 공간이나 면적에 빛이 얼마나 밝게 비추는지 알고 싶을 때 사용해요. 예를 들어, 책상 위나 작업 공간의 밝기를 측정할 때 말이죠."

"이해했어요! 그런데 왜 조명의 밝기를 두 개의 단위로 구분해서 표기하죠?"

애니가 물었다.

"좋은 질문이에요. 조명은 단순히 밝기만으로 결정되지 않아요. 빛의 방향, 지향성, 균일도 등 다양한 요소가 함께 고려되어야 합니다. 한 번 더 정리하자면 특정 위치에서 조명의 밝기를 확인하고 싶다면 룩스, 조명의 전체적인 밝기를 비교하려면 루멘을 사용합니다."

"그럼 실제로 측정할 때는 어떻게 하나요?"

빌리는 실제 예시를 들어 설명했다.

"룩스 측정 시에는 측정 기준이 동일한 것이 중요합니다. 조명과 측정기 간 거리, 각도가 달라지면 측정의 반복성을 보장할 수 없죠.

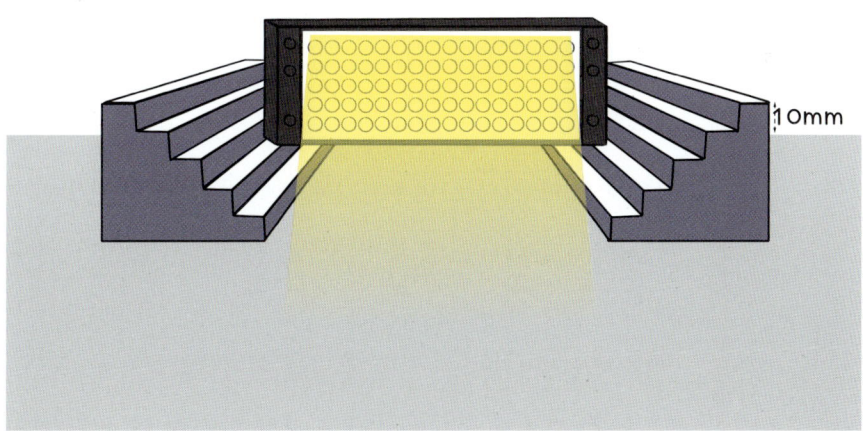

예를 들어 한 층에 10mm인 계단 양 측에 조명을 수평으로 올려놓고, 룩스 측정기는 바닥에 놓은 상태로 측정하는 것을 가정해 보겠습니다. 조명을 계단의 한 층 위/아래에 위치시킴에 따라서 측정되는 룩스는 어둡고/밝게

되는 것이죠. 또한 절대값인 루멘이 동일한 조명이라고 해도 조명의 형태, 빛이 퍼져나가는 각도 등을 고려 시 룩스는 위치에 따라 다 달라지게 됩니다. 그래서 룩스만으로 혹은 루멘만으로 조명을 선정하기는 생각보다 쉽지 않습니다."

"그렇군요. 그럼 조명을 선택할 때 어떤 요소를 고려해야 하나요?"

"밝기뿐만 아니라, 조명의 색깔, 방향, 지향성, 균일도 등을 고려해야 합니다. 예를 들어, 색깔은 빛의 파장을 의미하며, 조명이 나오는 빛의 파장을 적절하게 선택하여 대상물의 반사 스펙트럼에 맞춰야 합니다.

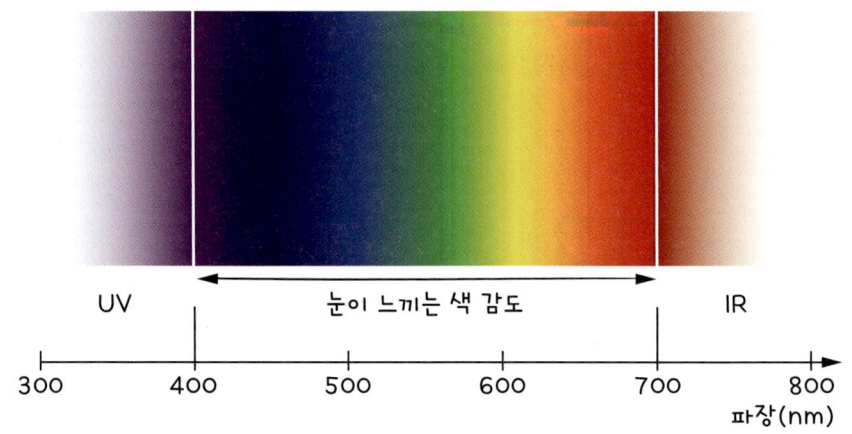

방향은 빛이 어디로 비추는지를 말하며, 지향성은 빛이 퍼지는 정도를 의미합니다. 균일도는 조명이 비추는 영역에서 밝기가 일정한지를 나타냅니다."

빌리가 물 한 잔을 마신 후 설명을 이어나갔다.

"그럼 두 번째로 물체의 특성에 대해 얘기해 볼까요? 보통 어떤 물체에 빛이 닿으면 반사, 투과, 흡수가 동시에 일어납니다.

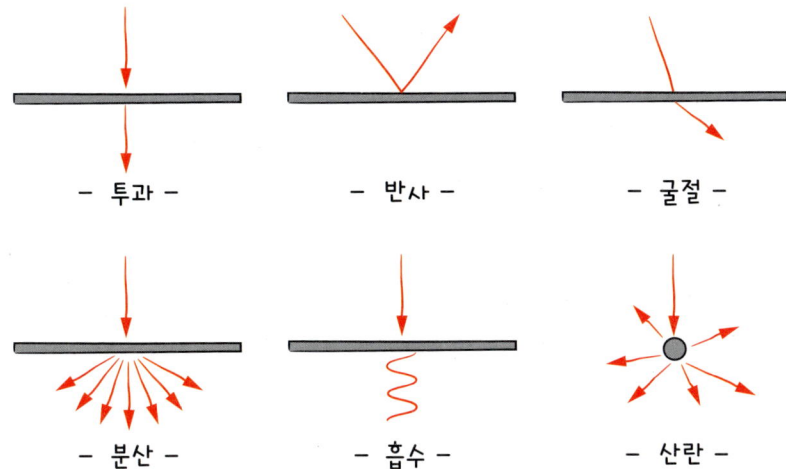

즉, 우리가 보는 빛은 반사된 빛, 투과된 빛, 흡수된 빛의 합이라고 볼 수 있습니다. 물체의 밝기와 어둡기는 아래와 같은 반사율, 투과율, 흡수율 같은 특성들로 예측할 수 있죠. 반사율 R은 우리가 관심 있는 주된 특성입니다. 반사되는 비율이 높다면 카메라에서 밝게 보입니다. 투과율 T는 유리와 같이 빛이 투과하는 특성입니다. 굴절광도 포함됩니다. 투과율이 높다면 카메라에서 어둡게 보입니다. 흡수율 A는 빛이 조사될 때 흡수되는 특성입니다. 흡수율이 높다면 카메라에서 어둡게 보입니다.

반사율이 높은 대상물은 밝은 물체이기 때문에 조명 선택에 제약이 적습니다. 어두운 조명을 써도 되고, Strobe와 같은 순간적으로 빛을 내는 조명을 쓰기에도 좋죠. 그렇기 때문에 더 빠르게 검사할 수도 있게 됩니다."

빌리는 다음 화면을 보여주었다.
"물체의 표면 거칠기도 살펴보도록 하죠. 물체에 거친 정도에 따라 빛이 반사되는 방식이 달라집니다. 보통 정반사, 난반사로 나눠지는데요.

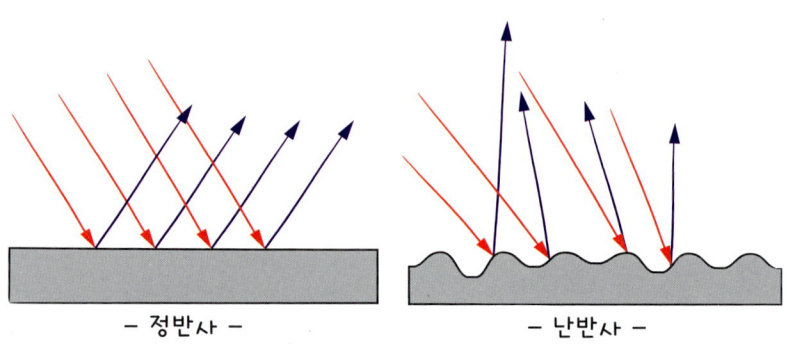

표면이 매끄러울 때는 거울처럼 반사되는 정반사 방식, 표면이 거칠때는 빛이 여러 방향으로 흩어지며 반사되는 경우는 난반사로 보면 됩니다.

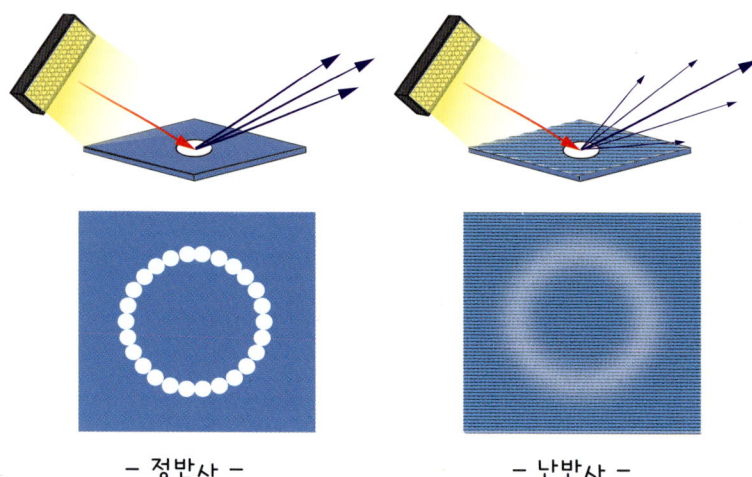

또한, 정반사의 경우 입사각과 반사각이 같은 반사로, 빛의 파장보다 부딪히는 물체 표면의 조도가 작을 때 나타나요. 이러한 특성을 가진 물체는 표면에 반사된 빛의 대부분이 일정한 반사각으로 진행하기 때문에 적은 양의 빛으로도 검사가 가능합니다. 반면, 난반사는 입사각과 반사각이 다른 반사로, 빛의 파장보다 표면 조도가 높을 때 발생하며 평행한 빛을 비추어도 반사광은 서로 다른 방향으로 확산 반사가 일어나게 됩니다. 난반사 특성을 가진 물체는 빛이 표면에 닿은 후 넓은 각도로 퍼져버리기 때문에 렌즈나 카메라에 도달하는 빛의 양이 적어집니다. 따라서 충분히 강한 빛을 조사해야 검사가 가능하죠. 제품을 만드는 과정에서 설계에 맞게 잘 구현이 되었는지 머신비전 시스템을 통해 확인하려면 정반사, 난반사의 특성을 잘 파악해서 조명을 설치해야 합니다."

"다음으로 물체가 갖고 있는 색이 조명에 어떤 영향을 미치는지 살펴보겠습니다. 물체 고유의 색은 물체의 반사/투과 시 파장별 반사/투과되는 정도인 반사/투과 스펙트럼이 중요합니다. 아래 그림을 참조하세요. QR 코드와 글씨는 빨간색으로 쓰여 있을 겁니다. 흰 바탕에 빨간 패턴을 빨간 조명으로 본다면 아무것도 보이지 않겠죠.

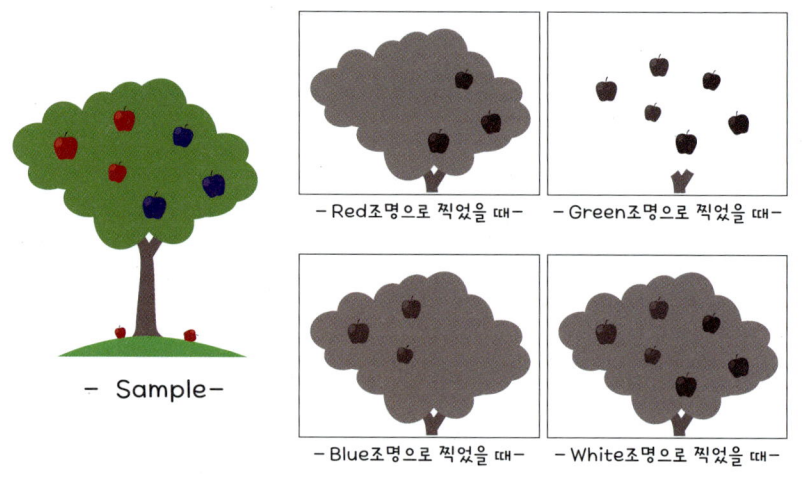

그만큼 적절한 색상 결정은 매우 중요합니다. 측정 대상의 파장별 반사율은 분광계를 통해 측정할 수 있습니다."
애니는 빌리의 설명에 만족하며 고개를 끄덕였다.
"조명의 특성을 잘 이해해야겠네요. 설명 감사합니다, 빌리!"
빌리는 미소를 지으며 말했다.
"천만에요, 애니! 언제든지 궁금한 게 있으면 물어보세요. 함께 열심히 배워봅시다!"

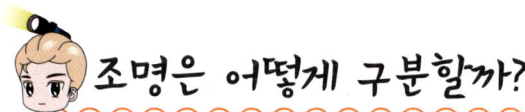 조명은 어떻게 구분할까?

"그럼 LED로 만든 머신비전 조명들을 보면서 이야기를 나눠볼까요?"
애니는 호기심 가득한 눈으로 빌리를 따라갔다. 조명들이 있는 곳을 바라보며 빌리는 이야기하기 시작했다.

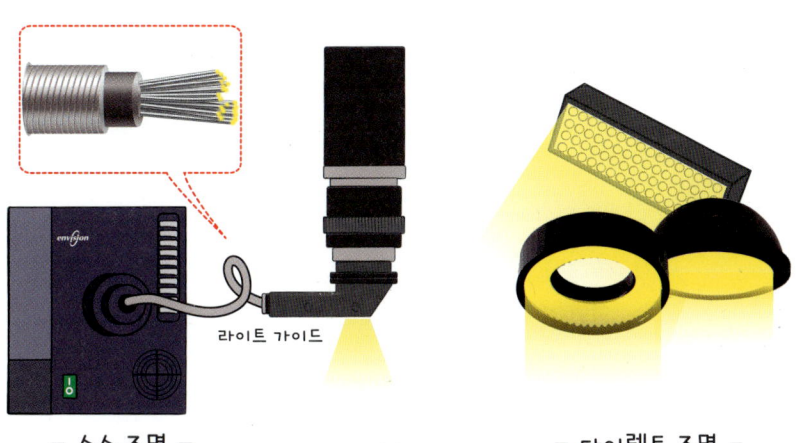

- 소스 조명 -   - 다이렉트 조명 -

"여기 보이는 선은 라이트 가이드(Light guide)라고 하는데, 빛을 전달하는 장치입니다. 이 장치는 보통 광섬유(Optical Fiber), 원통형 렌즈(Cylindrical Lens), 막대 렌즈(Rod Lens) 등으로 만들어집니다. 특히 광섬유(Optical Fiber)가 자주 쓰여서 그냥 'fiber'라고 부를 때도 있어요. 라이트 가이드를 사용해서 물체에 빛을 비추는 조명을 소스 조명이라고 하고, 라이트 가이드 없이 직접 빛을 비추는 조명은 다이렉트 조명이라고 합니다.

소스 조명은 보통 매우 강한 빛을 발산합니다. 라이트 가이드를 통해 빛을 검사할 대상에 전달한다고 했죠? 주로 강한 빛이 필요한 경우, 소스 조명과 라인 가이드를 함께 사용합니다. 라이트 가이드는 다양한 모양이 있는데, 긴 줄 모양의 라인 가이드, Dark field 검사용 가이드, 동그란 모양의 Ring guide 등이 있어요.

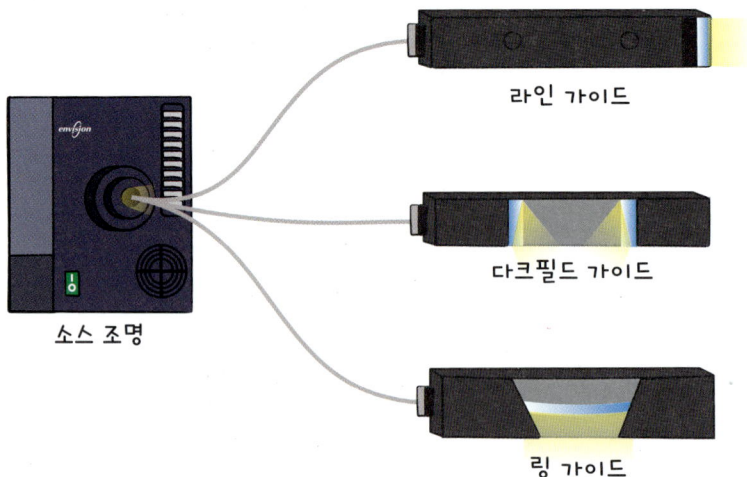

또한 소스 조명의 빛이 나오는 부분은 다양한 Light guide와 연결할 수 있도록 보통 동그란 모양을 가지고 있습니다. 소스 조명은 보통 소스 조명을 조절하는 컨트롤러 보드, 열을 식히기 위한 쿨링팬과 히트싱크가 함께 포함된 완제품으로 나옵니다. 최근에는 조명을 제어하는 컨트롤러 보드와 전원을 따로 분리한 새로운 형태의 헤드 분리형 소스 조명도 출시되고 있어요."

"다음으로 다이렉트 조명에 대해 설명드릴게요. 다이렉트 조명은 빛이 직접 물체 측에 조사됩니다.

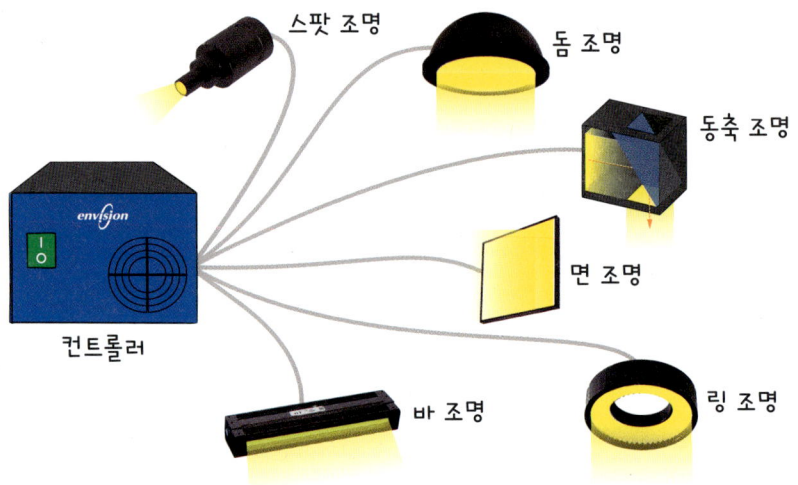

보통은 컨트롤러를 외부에 놓고 케이블로 연결하여 사용합니다. 길고 좁은 바 형태의 바조명, 평평하고 넓은 형태의 면조명, 둥그렇고 가운데가 빈 형태의 링 조명, 반구 모양의 돔 조명 등 다양한 형태로 만들어질 수 있습니다. 참고로 다이렉트 조명뿐만 아니라 소스 조명도 라이트 가이드 - 파이버 구성에 따라서 링, 바 형태로 빛을 물체에 전달할 수 있습니다. 다이렉트 조명은 사용자 입장에서 컨트롤러에 끼우기만 하면 되니 간편한 구성이 장점이고, 다양한 구조를 구현하는 데에 소스 조명 - 파이버 조합보다 유리합니다."

"아! 그러면 소스 조명이 다이렉트 조명보다 매우 강한 빛을 발산할 수 있겠네요?"

"맞아요. 정리를 하자면 소스 조명은 매우 강한 빛을 발산할 수 있어서 실제 더 강한 빛을 요구하는 솔루션에서는 다이렉트 라인 바 조명보다는 소스 조명이 더 좋죠. 반면 다양한 구조를 원하거나 간편하게 사용하려면 다이렉트 조명이 더 좋을 수 있죠."

"여기에 조명들은 다이렉트 조명이에요. 하나하나 설명드릴 테니 형태들을 잘 봐두세요. 이 조명은 가장 많이 쓰이는 조명 형태 중 하나입니다. 동축 조명이라고 부르죠. 렌즈의 주 광축과 동일한 각도로 빛이 조사되는 형태입니다. 나중에 자세하게 설명드릴게요!"

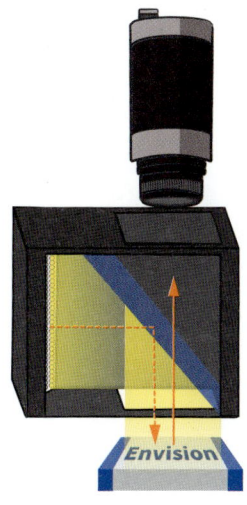

빌리는 링조명을 가리키며 이야기를 이어나갔다.

"이건 링 조명이라고 불러요. 반지처럼 생겼죠? 렌즈를 중심에 놓고 사용하게 됩니다. LED의 조사각도, LED의 개수, 링의 직경 등 다양한 배치를 할 수 있습니다.

이 형태는 바 조명이에요. 직선 형태이므로 물체의 특성에 맞추어 적절한 위치에 놓는 것을 쉽게 상상할 수 있을 겁니다.

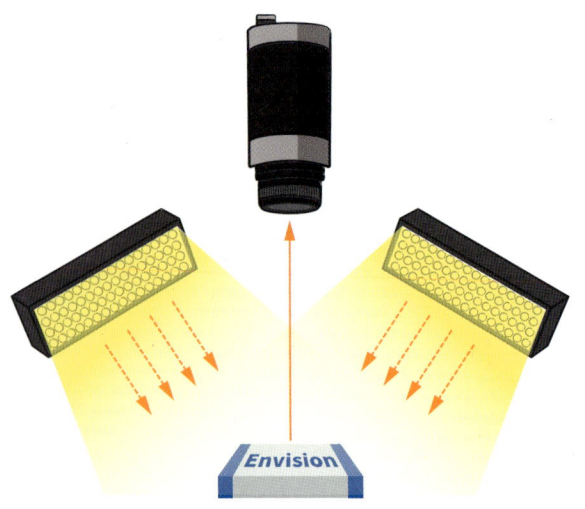

돔 조명은 간접 조명으로 그림자 없는 선명한 이미지를 생성할 수 있는 조명으로 여러 방향에서 간접광을 비추기 때문에 형태가 고르지 않은 대상물에 부드러운 확산광을 고르게 비출 수 있습니다. 따라서, 표면 상태를 고르게 유지하여 검사 지점의 명암비를 선명하게 할 수 있습니다.

백라이트 조명은 오브젝트의 윤곽을 명확하게 만듭니다. 그래서 투명 혹은 반투명한 대상체의 불투명부 경계선을 또렷하게 볼 수 있어요. 그리고 불투명한 대상체의 Edge 검사 시에도 또렷한 이미지를 얻을 수 있습니다.

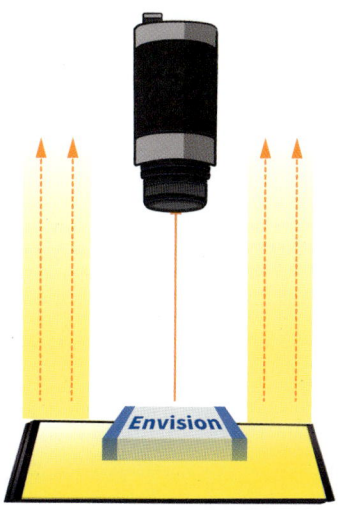

스팟 조명은 부분만을 강조하여 빛을 비춰주는 조명으로, 특정 부분을 강조하거나 특정 색을 강조할 수 있는 조명입니다."

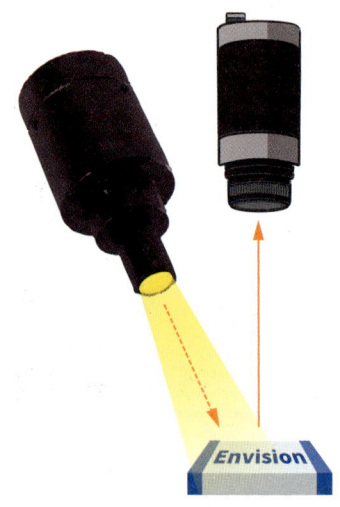

"머신비전에 쓰이는 조명들도 정말 다양하네요."

"맞아요. 제가 설명드린 머신비전에서 쓰이는 조명들은 다양하고 여러 곳에 달릴 수 있습니다. 왜 그렇게 만들어졌는지, 왜 그 자리에 놓여졌는지, 어떤 목적 혹은 성능을 타겟으로 만들어졌는지에 대해서 차차 설명해드리도록 할게요."

"혹시 머신비전 조명들도 색을 바꿀 수도 있나요?"

"당연하죠! 조명색도 바꿀 수 있어요! 조명업체에서는 보통 White/Red/Green/Blue 등의 가시광선대역과 UV/IR 대역들의 제품을 보유/판매하고 있어요. 물체의 스펙트럼을 알고 적절한 스펙트럼을 갖는 색상을 선택해야 하죠. 더 작은 대상물을 보기 위하여 파장이 짧은 Blue나 UV를 사용하는 경우도 있고, 얇은 막을 투과하여 안쪽 특성을 보기 위하여 IR을 사용하는 경우도 있습니다."

"아하! 머신비전에서는 조명은 단순히 밝기뿐만 아니라 색도 중요하겠군요!"

"네. 그리고 관찰하는 대상이 잘 보여질 수 있도록 하기 위해서는 조명을 어떤 각도로 놓느냐도 중요해요!"

"먼저 Bright field 조명입니다. Bright field는 정반사 각도가 렌즈 NA에 들어가는 형태, 물체 입장에서는 높은 곳에서 빛이 들어오는 형태를 말하죠!"

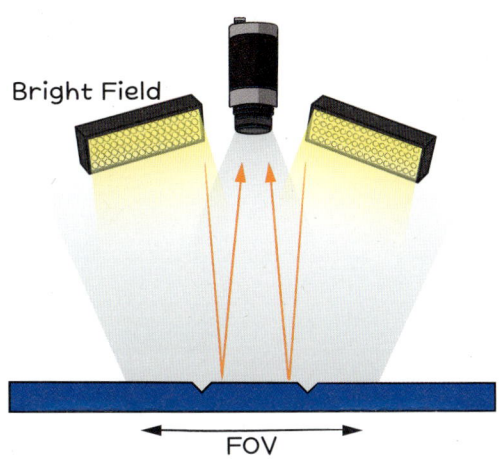

"다음은 Dark field 조명입니다. Dark field는 정반사 각도가 렌즈 화각에 들어가지 않는 형태, 물체 입장에서는 낮은 곳에서 빛이 들어옵니다. 평평한 표면보다는 울퉁불퉁한 부분을 보고 싶을 때 필요합니다."

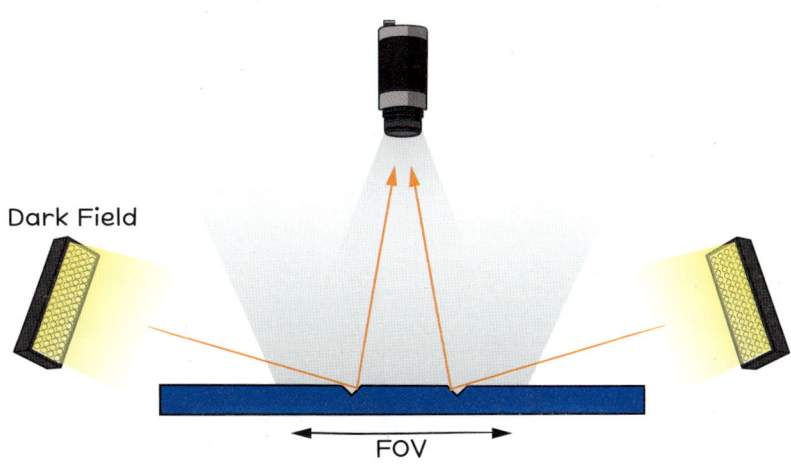

"다음은 머신비전에서 흔히 많이 쓰고 중요한 동축 조명입니다. 동축 조명은 렌즈 수직으로 빛이 입사되는 구성입니다. 정반사 각도가 NA에 당연히 들어가므로 때에 따라 Bright field 검사용 조명이라고 일컬어지기도 합니다. 그런데 엄밀하게는 동축 조명과 Bright field는 다른 것이 맞습니다."

그리고 아래 그림과 같이 목적에 따라 한 번에 여러 개를 달아놓기도 합니다.

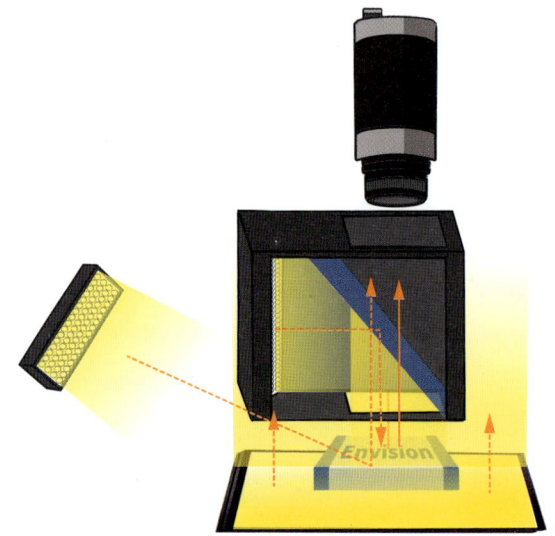

애니는 조명의 다양한 사용 방법에 감탄하며 물었다.

"그럼 조명을 선택할 때는 순서가 있는 건가요?"

빌리는 웃으며 대답했다.

"순서는 마음대로지만, 보통 소스/다이렉트 조명을 고르고, 색상을 고르고, 조명 조사 각도/형태를 고르면 됩니다. 이렇게 하면 적절한 조명을 선택할 수 있습니다."

애니는 빌리의 설명에 만족하며 말했다.

"감사합니다, 빌리. 이제 조명을 선택하는 데 자신감이 생겼어요!"

 ## 이미지 결과

"이제 빛과 물체에 대해 배워보았으니 마지막으로 이미지 결과에 대해 배워보도록 하죠! 몇 가지 문제를 보면서 광원 정보와 물체 정보를 조합하여 카메라에 좋은 이미지가 맺히게 할 수 있는지 함께 배워보도록 해요!"

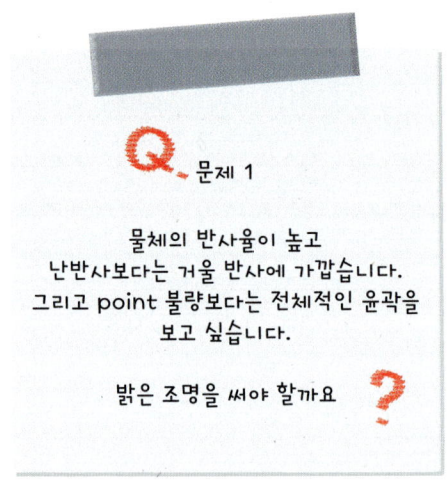

"자 여기서 어떤 조명을 쓰면 좋을지 생각해 보는 거예요."

"물체가 거울처럼 보인다. 그럼 현재 밝은 상태 아닌가요? 너무 밝으면 안 될 것 같은데요? 쉽게 Saturation이 될 것 같아요."

"네 맞아요. 반사율이 높은 시료를 보고 있기 때문에 밝은 조명을 찾을 필요가 없습니다. 적당히 어두운 조명을 써도 돼요. 그러면 조명의 각도는 어떻게 좋을까요?"

"전체적인 윤곽을 보고싶다고 했으니 물체 입장에서 높은 각도 혹은 동축 조명을 쓰는 게 좋을 것 같아요."

"맞아요! 윤곽를 보기 위해서는 렌즈에 동축 혹은 렌즈 화각(NA)에 충분히 들어가도록 물체 입장에서 높은 각으로 입사되는 것이 표면 형태를 알기에 좋습니다. 외부에서 들어오는 각이 낮아지면 반사되어 렌즈 바깥으로 나가기가 쉽고, 특히 거울 반사에 가깝기 때문에 매우 어둡게 보일 겁니다. 그럼 다음 문제를 한번 풀어볼까요?"

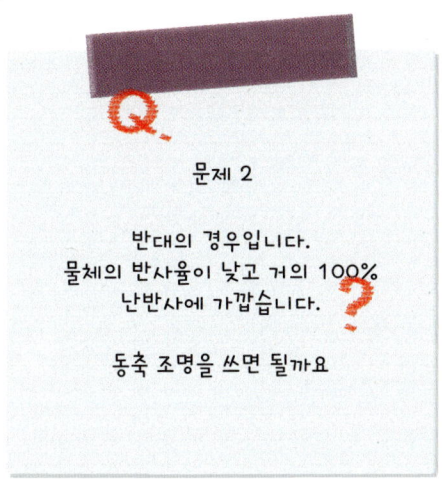

"음… 물체가 어둡다… 동축 조명을 쓰면 물체가 빛을 못받아들이니까 그러면 매우 어두울 것 같습니다."

"맞아요. 빛이 렌즈로 들어가기 위해서는 오히려 낮은 각도를 중심으로 넓은 각도범위로 빛을 쏘았을 때 유리할 수 있는 경우입니다. 이런 경우를 Dark field 조명이라고 합니다."

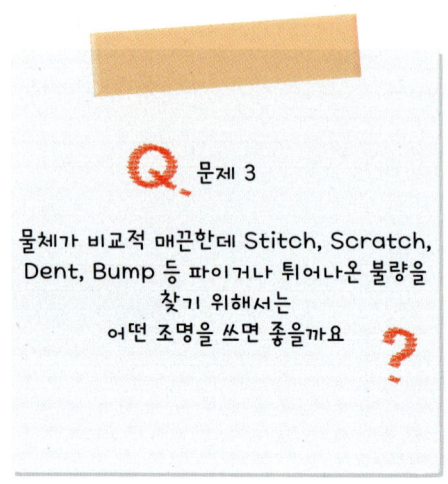

"이 문제는 너무 어려운데요? 제 생각에는 튀어나온 불량쪽으로 빛이 가는 조명일 것 같네요."

"맞아요. 낮은 각도의 조명을 쓰면 돼요! 애니는 조명 배치 기본을 잘 이해한 것 같아요. 우리가 앞에서 봤던 조명 구성을 다시 보면 이해가 될 거예요."

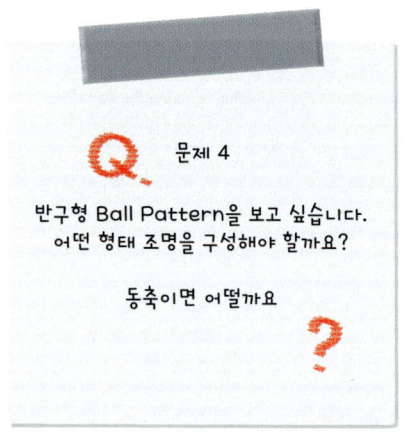

"제 생각에는 큰 동축 조명을 쓰면 되지 않을까요? 위쪽 Ball은 보일테지만, 밑으로 갈수록 보이지 않는 영역이 생길 것 같네요."

"큰 동축 조명도 맞긴 한데, LED 조명은 다양하게 모양을 변형할 수 있거든요. 이 경우에는 조명도 반구 형태로 만들 수 있어요. 즉 돔 형태가 된다면 Ball의 하부 영역도 볼 수 있습니다."

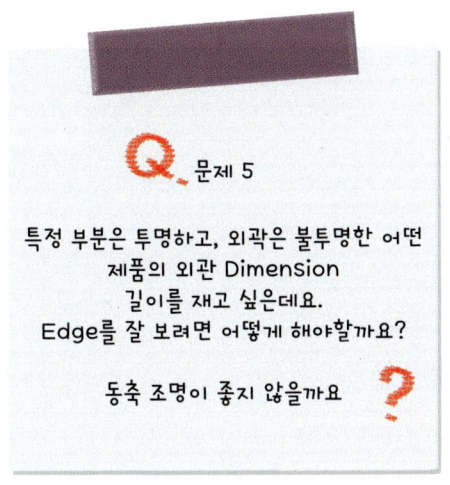

"네! 동축 조명을 쓸 수 있습니다. 그런데 다른 방법도 있지요. Back Light로 투과 조명을 적용하면 물체가 있는 영역은 까맣게, 그렇지 않은 영역은 밝게 나오므로 명확한 엣지(Edge)를 파악할 수 있습니다."

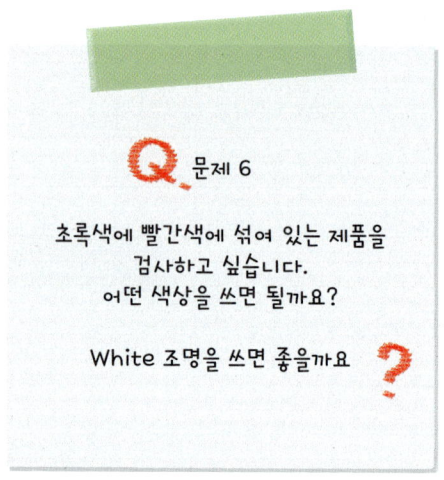

"제 생각에도 White 조명을 쓰면 좋을 것 같은데요?"

"네 그렇습니다. White를 쓰면 됩니다. Blue를 쓸 경우, 아예 어떠한 정보도 렌즈로 올라오지 않게 되니 가장 주의해야 합니다."

"말씀해 주신 부분들을 종합하면 어떤 조명을 선택해서 배치할지 대략적으로 이해가 되었어요!"

"이해가 되었다니 다행이네요. 그럼 조명 선택 시 주로 얘기하게 되는 분류 방법에 대해서 얘기해 보겠습니다."

조명의 제어 방법 – 컨트롤러

"조명을 켜기 위해서는 전기가 들어가야 합니다. 보통 머신비전 조명은 LED로 사용되고 있기 때문에 SMPS(직류전원 공급 장치, Switching Mode Power Supply)를 사용해서 직류로 LED에 전원을 공급합니다. 목적에 따라 전기를 다양하게 조절 할 수 있는 방법이 몇 가지 있죠."

"어떤 방법이 있나요?"

"주로 많이 쓰이는 조절 방법은 PWM, 정전류, 스트로브 방식인데, 우선 PWM부터 설명드릴게요. PWM은 Pulse Width Modulation의 약자로, 우리말로는 '펄스 폭 변조'라고 해요. 이는 전압을 일정하게 유지하면서도 밝기를 조절할 수 있는 아주 유용한 방식이죠. "PWM 방식에서는 조명에 공급되는 전압은 항상 일정하지만, 전압을 켜고 끄는 시간을 조절해서 밝기를 조절합니다. 쉽게 말해, 일정한 전압을 주기적으로 켜고 끄는 거죠. 더 자세히 설명하자면 조명에 적합한 특정 전압(ex. 5V, 12V, 24V 등)을 On 상태로 하여 밝기 조절은 Pulse의 폭의 길이로 하는 구동 방식입니다. On/Off를 반복하지만, On 상태의 전압이 일정합니다. 정전류 방식에 비해 상대적으로 회로 구성이 간단하여 쉽게 구성이 가능한 점이 장점입니다."

"그럼, 어떻게 밝기를 조절하나요?"

"좋은 질문이에요. 밝기는 '듀티 사이클'이라는 개념으로 조절해요."

빌리는 그래프를 가리키며 설명했다.

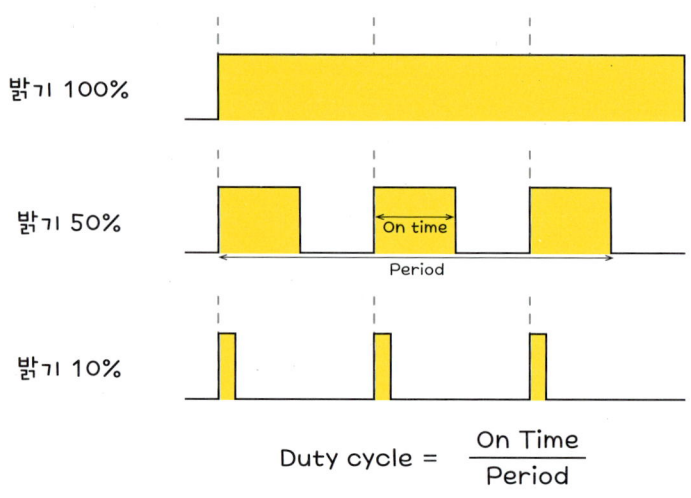

"듀티 사이클은 한 주기 내에서 전압이 켜져 있는 시간의 비율을 말해요. 예를 들어, 듀티 사이클이 50%라면, 한 주기 중 절반의 시간 동안만 전압이 켜져 있는 거죠. 듀티 사이클이 높을수록 LED가 더 오랜 시간 켜져 있어서 더 밝아지고, 듀티 사이클이 낮을수록 LED가 더 짧은 시간 켜져 있어서 더 어두워집니다."

"아, 그래서 전압은 일정하지만, 켜져 있는 시간의 비율로 밝기를 조절하는 거군요."

빌리는 미소를 지으며 말했다.

"맞아요. 그리고 이 방식의 장점은, 전압이 항상 일정하기 때문에 LED가 받는 전기적인 스트레스가 줄어들고, 회로 구성이 상대적으로 간단하다는 점이에요. 이 때문에 많은 머신비전 시스템에서 PWM 방식을 사용하고 있죠."

빌리는 자료를 더 보여주며 설명을 이어갔다.

"하지만 단점도 있어요. 만약 카메라의 노출 시간이 PWM 주기보다 충분히 길지 않으면, 카메라에 전달되는 빛의 양이 불규칙해질 수 있습니다. 예를 들어, 한 노출 시간 내에 세 개의 펄스가 걸릴 때와 네 개의 펄스가 걸릴 때, 카메라는 밝기를 다르게 인식할 수 있어요. 이는 이미지의 일관성을 떨어뜨릴 수 있죠."

"그렇군요. 그러면 카메라의 노출 시간과 PWM 주기를 잘 맞춰야겠네요."

"맞아요, 애니. PWM 방식을 사용할 때는 이러한 부분을 잘 고려해서 설정해야 해요. 하지만 잘만 사용하면 매우 효과적인 방식입니다."

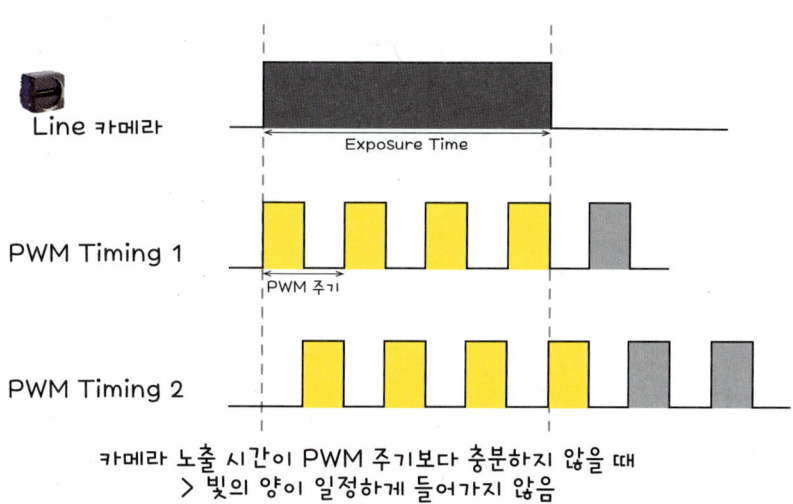

카메라 노출 시간이 PWM 주기보다 충분하지 않을 때
> 빛의 양이 일정하게 들어가지 않음

다음으로 정전류 방식입니다.

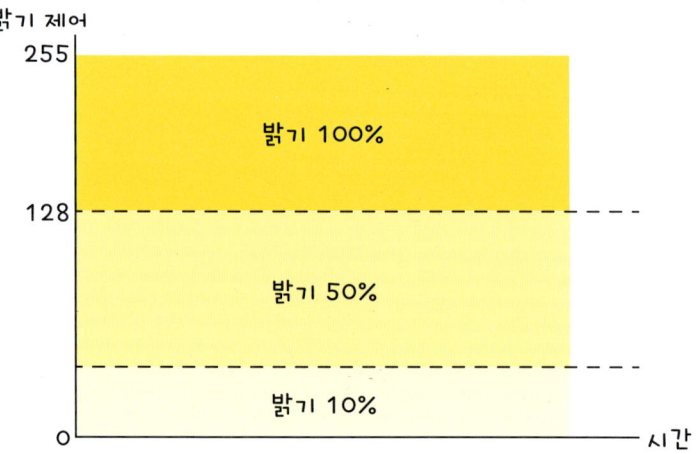

정전류 방식은 Line scan 방식에서 선호되는 방식입니다. 이 방식은 일련의 LED를 정전류로 공급하여 세밀한 밝기 조절이 가능합니다. 예를 들어, 밝기 제어를 256단계로 가정하면, 0에서는 조명에 전류가 흐르지 않고, 255에서는 최대 전류가 흐르도록 설정할 수 있습니다. 이는 조명의 밝기를 매우 세밀하게 조절할 수 있게 해줍니다. 그리고 PWM 구동에 있던 밝기 편차 문제점이 없습니다. 그러나 정전류 방식에도 몇 가지 단점도 있습니다. 조명을 지속적으로 켜놓을 경우, LED가 발생하는 열을 효과적으로 배출하지 못할 경우 LED에 부하가 생기게 되어 밝기가 시간이 지남에 따라 급격히 떨어질 수 있습니다. 따라서 이 방법을 사용할 때는 적절한 방열 설계가 중요합니다."

"셋째로, 트리거를 사용하여 동작하는 스트로브 동작 방식입니다."

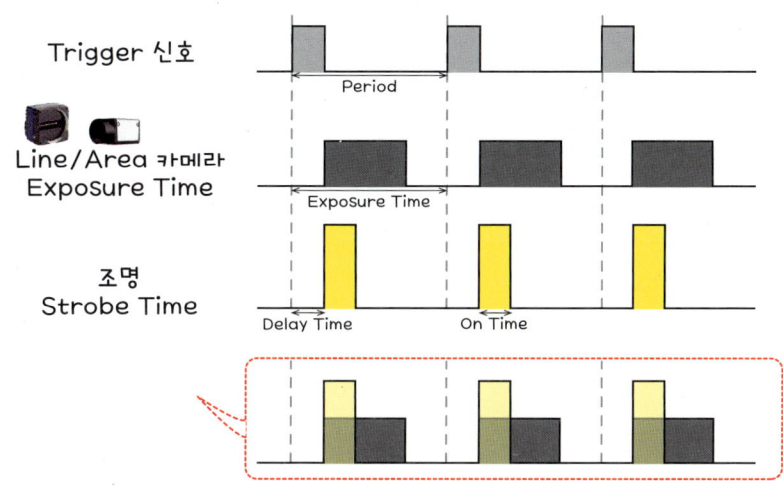

스트로브는 매우 짧은 시간 동안 강력한 빛을 발산하는 방식으로, 산업 현장에서는 더 빠른 검사 속도를 요구할 때 매우 유용합니다. 이 방법은 카메라가 더 빠르게 이미지를 촬영할 수 있도록 하며, 조명은 주어진 노출 시간 동안만 켜도록 제어됩니다."

"참고로 산업현장에서는 역사적으로 시간이 지남에 따라 더 빠른 검사를 요구하고 있죠. 그래서 카메라는 더 빠르게 찍을 수 있어야 했죠. 여기서 문제! 카메라가 빨라질 때 조명은 어떻게 켜놓는 것이 제일 좋을까요?"

"이럴 때는 스트로브를 사용하는 것이 제일 좋을 것 같아 보이네요"

"빙고! 만약 정전류 방식으로 조명을 계속 강하게 켜 놓는다면 어떻게 될까요?"

"계속 전기를 가하니까 열이 많이 발생해서 조명이 타지 않을까요?"

"네 맞아요! 스트로브 방식이 효과적인 이유에 대해 자세하게 설명드릴게요. 보통 TDI 카메라에서는 크게 관계가 없지만 Line scan이나 Area camera의 경우 Frame 간의 시간적인 갭이 필요해요. 즉, 한 주기 안에서 노출 시간이 주기 전체 시간보다 짧아야 하는데요.

예를 들면 주기가 1ms이고 노출 시간이 0.5ms인 경우를 생각해 봅시다. 밑의 그림에서 얘기하고자 하는 걸 설명드리려고 해요. 이때 노출 시간을 제외한 0.5ms 동안은 조명을 켜도 물체의 정보를 카메라가 전혀 얻지 못합니다. 즉 노출 시간 동안 전달되는 빛만이 유효합니다. 반대로 생각하면 조명도 그 시간만큼만 켜면 되겠죠. 주기 중 켜는 시간을 Pulse on time이라고 한다면 지금 케이스는 Pulse on time이 주기의 50%이면 되는 것이지요. 그런데, 보통 조명은 특정 시간동안 들어간 전력과 시간의 곱의 합산만큼 밝습니다. 즉, 1W를 1ms 구간 동안 계속 켜놓는 것과 5W를 0.2ms 동안 켜놓는 것은 비슷할 수 있다는 얘기입니다. Overdrive strobe는 노출 시간에 맞추어 짧은 시간동안 LED를 평소보다 훨씬 더 가혹하게 켜는 것을 얘기하죠."

"그래서 조명은 노출 시간에 맞춰서 짧은 시간동안 더 강하게 켜는 거군요. 그러면 카메라는 더 밝은 이미지를 얻을 수 있겠네요."

"맞아요. 0.5ms가 노출 시간이라면 1W를 1ms 동안 켜놓는 것보다 5W를 0.2ms 동안 켜는 것이 밝게 보일 거예요 그래서 스트로브 조명을 사용하게 되는 거죠."

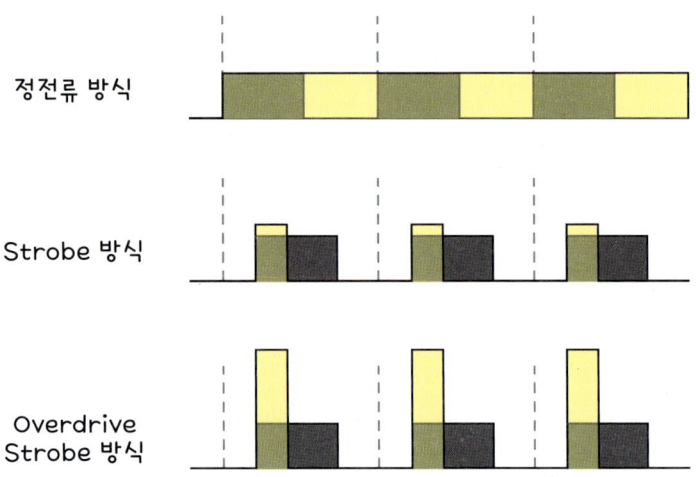

빌리는 설명을 계속 이어나갔다.

"그리고 스트로브 조명을 사용할 때 유의해야 할점에 대해 설명드릴게요. 보통 대상물이 빠르게 움직이는 동안에 촬영이 이뤄질 경우에는 너무 빠르게 움직이다 보니 움직인 자국까지 같이 찍힐 수도 있습니다.

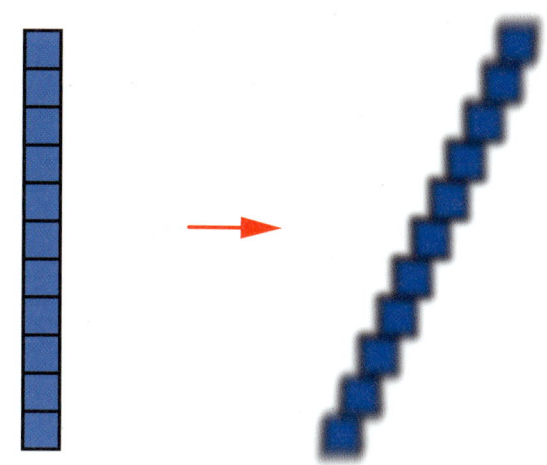

이는 Blur라고 부르는데요. 이를 개선하기 위해서는 노출 시간이 짧으면서도 충분히 밝게 조명을 켜야 합니다."

"아까는 Exposure Time 동안 빛을 쏘면 된다고 했으니 Exposure Time 과 동일하게 쏘아야 더 밝은 이미지를 얻는 거 아닌가요?"

"밝기에 관한 한 그게 맞습니다. 다만 Blur를 줄이려면 무한정 길 수 없다는 것이 한계네요."

"그럼 얼마큼 짧아야 Blur가 생기지 않는 걸까요?"

"짧으면 짧을수록 Blur가 생기지 않습니다. 그래서 적정한 밝기와 Blur가 생기지 않는 지점을 찾아야 해요."

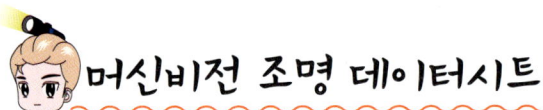
머신비전 조명 데이터시트

"애니! 아래 표는 조명 데이터시트에서 발췌한 내용이에요. 필요한 사양들에 대해 먼저 살펴보도록 합시다."

제품군	Light Sources
모델명	SLG-450TSL
밝기 분해능	1024
광 파이버 직경	Φ8~12
배광각	FWHM 36°
기대 수명	30,000h
소스 교체	-
냉각 방식	FAN에 의한 강제 냉각
중심파장	Red : 622 Green : 520 Blue : 450
채널	3ch
구동 방식	정전류(Constant Current) & Strobe 동작
외부 제어	Ethernet
전압	-
길이	-

"빌리! 여기서 '밝기 분해능'은 무엇을 의미하는 걸까요? 1024라는 숫자는 밝기를 1024 단계로 조절할 수 있다는 건가요?"

"맞아요, 애니. 밝기 분해능은 선택할 수 있는 밝기의 범위를 말해요. 즉, 1부터 최대값까지 설정할 수 있어요. 1024는 밝기를 1024단계로 조절할 수 있다는 뜻이에요. 밝기를 더 세밀하게 조정할 수 있게 됩니다."

"광 파이버 직경과 배광각은 또 무슨 뜻인가요?"

"광 파이버 직경은 광 파이버가 꽂힐 수 있는 구멍의 크기를 말해. 광 파이버는 빛을 적절히 옮겨주는 도파관이라서, 정확한 규격이 맞지 않으면 빛의 손실이 발생할 수 있어요. 배광각은 빛이 퍼지는 정도를 의미합니다. 즉, 얼마나 넓은 영역에 빛이 퍼지는지를 나타내는 것이죠."

"이해했어요! 그럼 기대 수명은 LED가 언제까지 사용할 수 있는지 알려주는 거죠?"

"맞아요. LED의 기대 수명은 LED가 사용될 때 밝기가 얼마나 떨어지는지를 기준으로 결정됩니다. LED는 시간이 지나면서 밝기가 저하되지만 완전히 꺼지지는 않고 어두워지게 되죠."

"Source 교체와 냉각 방식은 각각 무슨 뜻일까요?"

"Source 교체는 조명의 교체나 수리 방법을 의미합니다. 일반적으로 수리 방법에 관한 내용이죠. 냉각 방식은 조명 장비가 사용될 환경에 따라 중요한 요소입니다. 예를 들어 진동이 있는 환경에서는 특정 냉각 방식을 사용할 수 없을 수도 있습니다. 그럼 나머지들도 가볍게 다뤄보도록 할게요."

빌리는 숨을 고르고 이어나갔다.

"Peak Wavelength는 White가 아닌, Red/Green/Blue LED 적용 시 중심파장을 이야기합니다. 스펙트럼 상에서 가장 강한 밝기를 갖는 파장을 의미하죠. 보통 White 색상은 Peak랄 게 딱히 없어서 표기하지 않습니다. 넓은 파장대역을 커버하고 있는 white는 색온도를 언급하여 특성을 이야기하기도 합니다. Channel은 소스 조명일 때, 몇 가지 색상을 제어 가능한지에 대한 것으로 한 색깔을 제어 가능하면 1채널(1ch), red/green/Blue 세 색상을 제어가능하면 3채널(3ch)이라고 할 수 있습니다."

"그렇군요! 옆의 구동 방식은 정전류인지 정전압인지 스트로브 방식인지를 의미하는거죠?"

"맞아요! 동작모드는 조명에 전류를 어떻게 인가하는지 알려주는 방법으로 컨트롤러의 특성으로 볼 수 있습니다. 컨트롤러를 포함하고 있는 소스 조명 등의 제품 경우 조명의 특성에 포함시키기도 하나 다이렉트 조명의 경우에는 특성에 포함될 수 없겠죠."

"외부 제어는 무엇인가요? 용어가 생소하네요."

"외부 제어는 PC나 다른 제어장치를 통해 조명을 제어할 수 있도록 하는 것이고, PC와의 연결 규격을 의미합니다. 외부 제어를 위해서는 보통 Ethernet이나 RS-232C 같은 Serial 연결을 많이 사용해요. 이를 통해 PC나 다른 제어장치에서 조명을 원격으로 제어할 수 있습니다. 참고로 Parallel & Ethernet & RS-232C는 모두 통신 규격입니다."

"마지막으로 전압은 조명의 Typical Voltage를 의미합니다. 소스 조명에서는 보통 언급하지 않고요. 컨트롤러와 함께 쓰일 다이렉트 조명에 필요한 스펙입니다. 주 구동 Voltage를 알아야만 컨트롤러의 Voltage level을 선택할 수 있죠. 보통 5V/12V/24V입니다. 높다고 더 좋거나 낮다고 어둡거나 한 것은 보통 아닙니다. LED array의 구동 범위와 연결되죠. 마지막으로 Length는 Bar 조명과 같이 매우 반복적으로 다수 제작되는 조명의 경우 제작 가능한 길이를 스펙으로 정하기도 합니다. 링 조명은 지름과 조사각도로 특성화가 가능할 것입니다."

"우와! 이제 생소했던 내용들이 이해가 되었어요! 정리해 놨다가 제품 선정할 때 잘 선정하도록 할게요!"

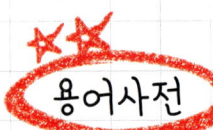

| 정반사 (Specular Reflection) | 표면이 매끄러울 때, 거울처럼 빛이 일정한 각도로 반사되는 현상이에요. |

난반사 (Diffuse Reflection) — 표면이 거칠 때, 빛이 여러 방향으로 흩어지며 반사되는 현상이에요.

광가이드 (Light guide) — 광섬유 다발을 사용하여 빛을 전달하는 장치입니다. 보통 Light guide를 사용하는 조명은 소스 조명, light guide 없이 직접 물체에 조사하는 조명은 다이렉트 조명이라고 부르고 있어요.

컨트롤러 (Controller) — 다이렉트 조명을 연결하여 조명을 제어하는 장치예요.

루멘 (Lumen) — 조명이 내는 전체 빛의 양을 나타내는 단위로, 조명이 얼마나 밝게 빛나는지를 측정합니다.

룩스 (Lux) — 빛이 특정 면적에 얼마나 밝게 비추는지를 측정하는 단위입니다.

다이렉트 조명 (Direct Lignting) — Light guide 없이 직접 물체에 조사하는 조명이에요. 형태는 동축, 링, 바, 돔, 백라이트, 브라이트필드, 다크 등이 있어요.

| 동축 조명 (Coaxial Lighting) | 렌즈의 주 광축과 동일한 각도로 빛이 조사되는 조명 방식이에요. |

| 링 조명 (Ring Lighting) | 반지 모양으로 생긴 링 형태의 조명이에요. |

| 바 조명 (Bar Lighting) | 직선 형태의 조명이에요. |

| 돔 조명 (Dome Lighting) | 돔 모양의 조명으로, 선명한 이미지를 생성할 수 있어요. |

| 백라이트 조명 (Backlight Lighting) | 물체 뒷면에서 조사되는 조명으로 투과 조명으로도 불려요. 보통 면조명 형태이며, 대상체 형태의 윤곽을 비출 목적으로 사용됩니다. |

| 브라이트 필드 조명 (Bright field Lighting) | 빛의 정반사 각도가 렌즈로 바로 들어오는 형태. 높은 곳에서 빛이 들어오는 방식의 조명이에요. |

| 다크 조명 (Dark Lighting) | 빛의 정반사 각도가 렌즈로 바로 들어가지 않는 방식으로, 물체 기준 낮은 각도에서 빛이 들어옵니다. |

4장
머신비전에서 3D검사가 필요한가요?

3D

4장
머신비전에서 3D검사가 필요한가요?

다음날, 애니가 아침 일찍 출근하니 로봇 코코가 반갑게 맞아주었다.
"애니! 좋은 아침이에요! 오늘은 3D 기초교육이 있는 날이에요! 3D 연구실의 올라프가 출근하면 제가 연구실로 안내해 드릴게요"
 애니와 코코는 앤비전의 사옥 내에 위치한 3D 연구실로 발걸음을 향했다. 연구실로 들어서자 다양한 식물들로 장식된 허브 공간이 그녀를 맞이했다. 공간을 가득 메운 싱그러운 향을 맡으며 애니는 이곳이 특별한 분위기를 지닌 곳임을 느꼈다. 3D 연구실은 허브공간을 지나 더 깊숙한 곳에 위치해 있었다. 연구실 문 앞을 잠시 서성이자 한 남자가 그녀를 마중 나왔다.
"안녕하세요. 애니, 반가워요! 저는 올라프라고 해요. 앤비전에서 3D 기술을 연구하는 엔지니어입니다. 이곳 3D 연구실에서는 최신 3D 머신비전 기술을 연구하고 발전시키는 일을 하고 있어요."
"안녕하세요. 올라프! 3D와 머신비전과의 만남이라니! 정말 멋지네요! 머신비전에서 3D는 왜 이렇게 중요한 거죠?"
 올라프는 미소를 지으며 말했다.

"시대의 흐름에 따라 기술도 발전하잖아요. 예전엔 2D 이미지로만 검사를 했는데, 제품의 높이나 표면 상태를 정확하게 파악하기 어려웠어요. 그래서 3D 머신비전이 나온 거죠. 3D는 대상체의 3차원 정보를 획득하고 분석하는 기술이에요. 물체의 3D 형태를 고려하므로 불량 특성을 더 정확하게 감지하고 분석할 수 있다는 장점이 있죠. 그래서 3D 검사는 더 복잡하고 정교한 시스템과 알고리즘이 필요하고, 3D 형태와 관련된 정확한 정보를 제공합니다."

"그럼 어떤 상황에서 2D 검사를 사용하고, 어떤 상황에서 3D 검사를 사용하는 건가요?"

올라프는 차분한 목소리로 대답했다.

- 2D 머신비전 검사 -
표면의 평면
정보 획득

- 3D 머신비전 검사 -
표면의 평면 + 대상체의 높이
정보 획득

"2D 검사는 표면 검사, 문자 인식, 포장 검사, 레이블 인식, 위치 결정 등과 같은 분야에서 주로 사용돼요. 반면 3D 검사는 3D 모양 검사, 물체의 부피 측정, 곡률 측정, 공간 분석, 높이 측정 등과 같은 고도의 정밀성이 필요한 분야에서 특히 유용하게 쓰이고 있답니다."

"그렇군요. 이해가 되었어요. 그럼 3D 기술이 머신비전에서 어떻게 사용되는지 간단히 설명해 주실 수 있을까요?"

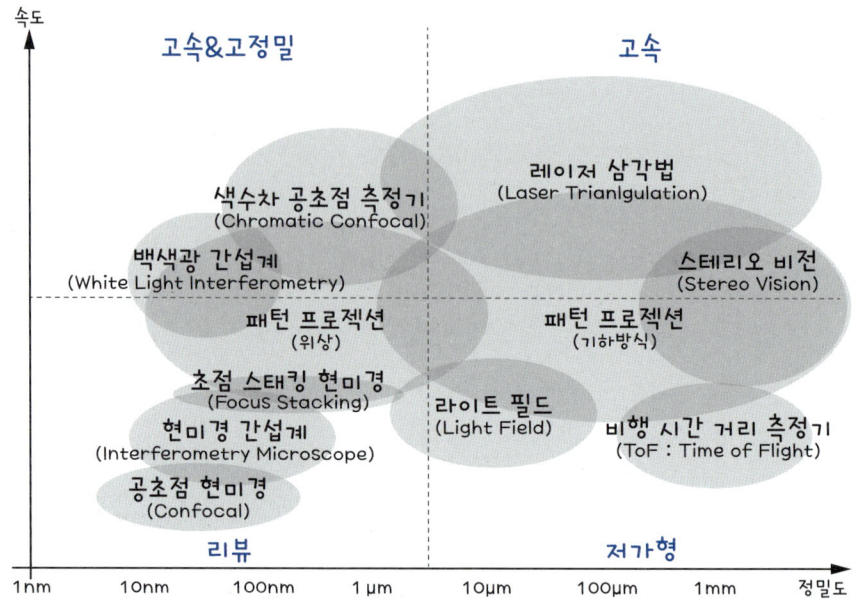

"물론이죠. 여기 보이는 그림은 머신비전에서 흔히 쓰는 3D 기술을 정밀도와 속도 기준으로 분류를 해놓았어요. X축의 경우 왼쪽으로 갈수록 더 정밀한 기술이고, Y축은 위로 갈수록 더 빠른 기술을 나타내고 있습니다.

우선 아주 빠르고 정밀한 기술부터 차례로 설명드릴게요. 색수차 공초점 측정 기술(Confocal Confocal)은 BGA나 50μm 이하의 BGA나 투명한 물체의 두께를 측정하는 데 사용되며, 미세 용접부 및 반도체 웨이퍼 검사에도 활용됩니다.

그 옆에 레이저 삼각법(Laser Triangulation)이라는 기술이 있는데, 이는 PCB나 100μm 이상의 작은 범프를 감지할 수 있습니다. 이 기술은 보통 2차 전지, 원통형 및 파우치형 제품을 제조하는 데 필수적으로 사용하고 있습니다. 한편, 스테레오 비전(Stereo Vision)이라는 기술은 주로 물류 박스와 같은 비교적 간단한 물체를 빠르고 저렴하게 측정하는 데 사용됩니다.

그리고 현미경처럼 매우 작은 영역에서 정밀한 측정을 할 수 있는 기술들도 살펴볼게요. 이 중 현미경 간섭계(Interferometry Microscope)는 최대 3nm 크기의 아주 미세한 물체를 관찰 할 수 있고, 수십 나노미터의 Z축까지도 측정할 수 있습니다. 이러한 기술들은 주로 연구나 제품 검토용으로 많이 사용됩니다.

마지막으로, 속도나 정밀도가 크게 요구되지 않는 비교적 간단한 작업을 위한 3D기술들도 있습니다. 이기술들은 가격이 저렴하며, 고급 기술을 필요로 하지 않는 작업 환경에서 많이 활용됩니다.

이 포트폴리오는 머신비전 검사에서 어떤 3D 기술을 선택해야 하는지 쉽게 알 수 있도록 도와줍니다. 검사 사양에 따라 빠르고 정밀한 측정이 필요한지, 아니면 저렴한 비용으로 간단한 작업을 처리할지를 고려하여, 이 포트폴리오에서 자신에게 맞는 도구를 선택하면 됩니다."

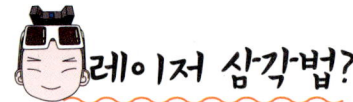 레이저 삼각법?

 올라프는 AR헤드셋을 쓰고, 설명을 이어나갔다. 애니도 곧바로 AR헤드셋을 착용하였고, 3D 연구실의 벽 한쪽이 프리젠테이션으로 바꼈다.

"애니! 그럼 3D 머신비전 검사에 사용되는 주요한 기술 세가지에 대해 이야기해 보도록 할게요. 제가 지금부터 말할 기술은 레이저 삼각법(Laser triangulation), 색수차 공초점 측정기(Chromatic Confocal Imaging), 백색광 간섭계(White Light Interferometry)이에요. 이 세 기술은 각각 다른 원리를 사용하여 물체의 표면을 측정하고, 그에 따라 특징과 장단점이 다르니까 잘 따라오도록 해요."

"우선, 레이저 삼각법 (Laser triangulation)에 대해서 알려드릴게요. 이 기술은 레이저를 사용해서 물체의 형태와 표면을 측정하는 방법이에요. 레이저를 물체에 비추고, 반사된 레이저를 캐치해서 거리를 계산해요. 이 기술은 레이저를 이용하여 빠르고 정확하게 3D 정보를 측정하는 강력한 방법이에요. 그리고 이동하는 물체나 복잡한 물체의 표면 높이와 위치를 정밀하게 파악하여 품질 향상과 생산성 향상에 큰 도움이 되죠."

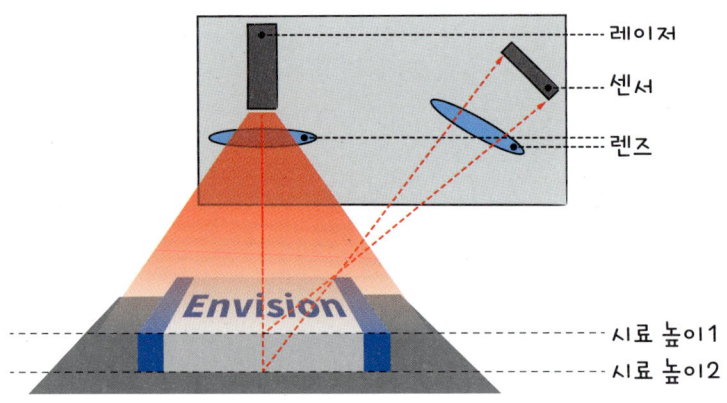

 애니는 궁금증을 가득 담은 시선으로 올라프를 쳐다보며 말했다.

"와 정말 신기하네요! 어떻게 작동되는 거죠?"

올라프는 이어서 설명하기 시작했다.

"레이저 삼각법을 적용한 3D 제품은 센서와 레이저 광원으로 이루어져 있어요. 기본적인 작동 원리는 측정 대상에 레이저 빔을 쏘고, 그중 일부가 센서로 반사되는 것이에요."

"대상이 움직일 때 레이저 빔도 센서 쪽으로 이동하는 거죠?"

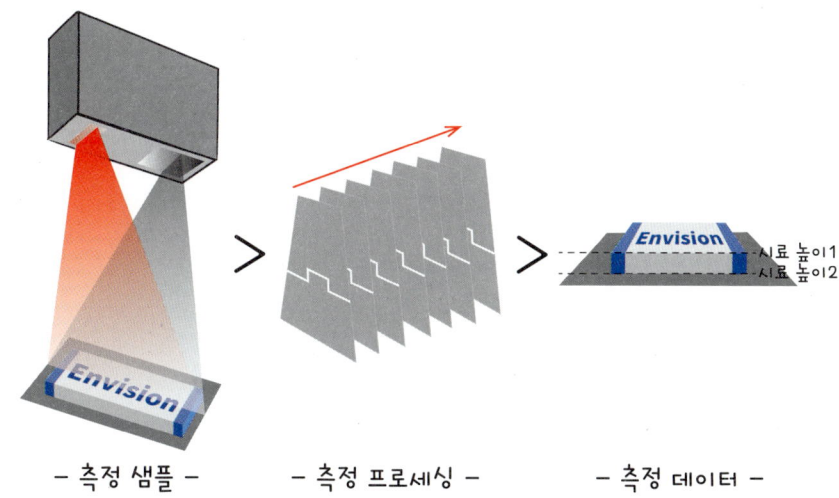

- 측정 샘플 -   - 측정 프로세싱 -   - 측정 데이터 -

"맞아요! 대상이 움직이면 레이저 빔도 따라서 감지기 쪽으로 이동하게 돼요. 감지기는 그 거리를 측정하는 데 사용되는 신호를 생성해서 보내죠. 데이터는 주로 카메라의 이미지 센서를 통해 아날로그 혹은 디지털 출력 형태로 변환됩니다."

"그럼 센서는 어떤 역할을 하는 거죠?"

"이 센서들은 빛의 양의 피크 분포를 감지하여 대상의 위치를 정확하게 찾아내는 데 사용돼요. 주로 최대로 충전된 픽셀을 통해 위치를 결정하고, 다른 표면의 반사에 의해 활성화된 낮은 충전 픽셀은 무시돼요."

"올라프! 이제 레이저 삼각법 원리에 대해 이해했어요. 그런데 왜 이 기술이 여러 산업 분야에서 사용되는 거죠?"

"레이저 삼각법은 공학, 제조, 로봇공학, 품질 통제, 의료 장비, 자동차 산업 등 다양한 분야에서 활용돼요. 예를 들어 자동차 산업에서는 자동차 표면의 불량 검출과 조립 정밀도 측정에 쓰이고, 의료 분야에서는 치과 스캔과 치아 모델링에 활용돼요."

색수차 공초점 측정기?

"애니! 이번에는 색수차 공초점 측정기(Chromatic Confocal Imaging)에 대해서 얘기해 볼까요?"

 3D 연구실 안에서 애니는 올라프 설명에 더 귀를 기울였다.

"네, 기대돼요! 색수차 공초점 측정기는 어떤 기술인가요?"

"색수차 공초점 측정기는 레이저가 아닌 다양한 색상의 빛을 사용하여 표면의 높이나 피복 두께와 같은 3D값을 측정하는 광학 기술 중 하나에요. 색상이 물체와 가장 가까울 때 반사되는 빛을 측정하여 거리를 계산하죠. 이 기술은 레이저보다 느리지만, 정밀하고 섬세한 측정이 가능해서 아주 작은 높이 변화도 정밀하게 감지하고, 높은 해상도의 이미지를 제공할 수 있는 특징이 있죠."

 애니는 궁금증 가득한 눈으로 올라프를 쳐다보았다.

"정말 신기하네요! 그럼 이 기술은 어떻게 동작하나요?"

"먼저, LED나 다른 광원을 사용하여 빛을 발생시켜요. 이 광원에서 나온 빛은 특수 렌즈를 통과하면서 빛의 파장에 따라 초점거리가 변하죠. 다양한 파장의 빛이 서로 다른 초점거리로 조절되어 제품 표면에 도달하게 되는 거예요."

"그러면 그 다양한 파장의 빛은 어떻게 활용되는 건가요?"

애니의 물음에 올라프는 설명을 이어나갔다.

"오! 좋은 질문이에요. 제품 표면에 도달한 빛은 반사되고, 이 반사된 빛은 카메라 센서로 다시 수집됩니다. 각 라인은 다른 파장을 가진 빛을 반사하게 되므로, 센서는 각 라인에 대한 빛의 파장을 식별할 수 있게 되는 거죠."

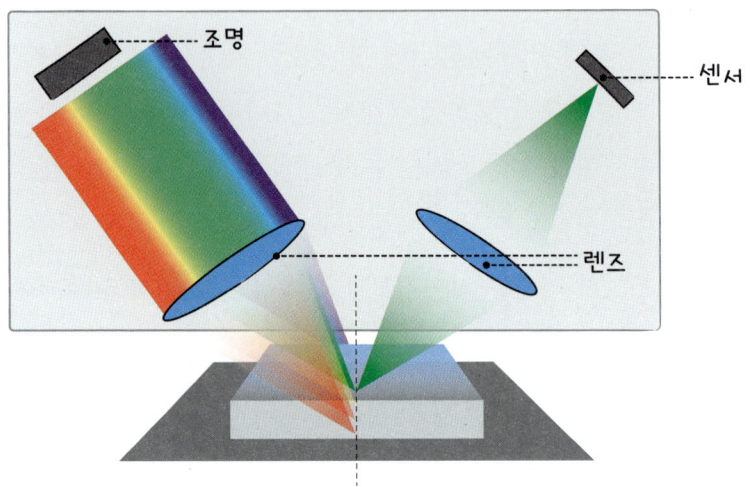

애니는 이해한 듯이 미소를 지었다.

"그럼 어떻게 높이값을 계산하고, 이미지를 만들어 내나요?"

"센서는 수집한 빛의 파장을 기반으로 각 라인 별로 표면과의 거리를 계산해요. 파장이 다른 빛은 서로 다른 거리에서 초점을 맞추기 때문에 각 라인의 높이값을 계산할 수 있게 되는 거죠. 그리고 그 높이값을 어떻게 이미지로 만들어 내는지 설명드릴게요. 센서는 각 라인에 대한 높이값을 계산한 다음, 이 정보를 모아 한 장의 이미지로 생성합니다. 이 이미지가 제품의 단면이나 표면을 정확하게 표현하게 되는 거죠."

"그럼 색수차 공초점 측정기는 어떤 분야에 활용되나요?"

"이 기술은 제조 및 품질 관리 분야에서 다양하게 활용됩니다. 반도체 제조, 의료 기기 제조, 자동차 산업, 공학, 공정 제어 등에서 표면 검사 및 측정에 널리 사용되고 있어요. 예로 반사율이 높은 곡선형 엣지, 투명한 다층 구조 검사에 활용됩니다."

투명한 소재 + 내부 결함

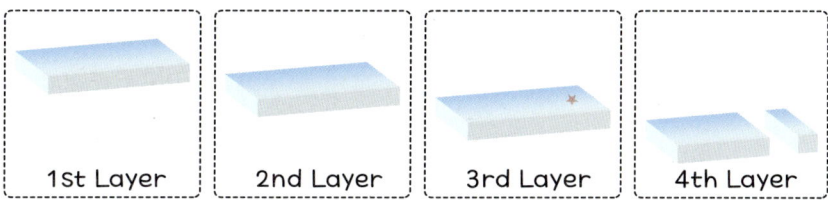

1st Layer   2nd Layer   3rd Layer   4th Layer

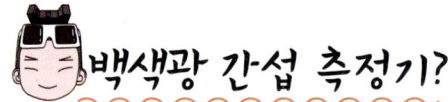 백색광 간섭 측정기?

"애니! 다음으로 머신비전에서 많이 쓰이는 백색광 간섭 측정기(White Light Interferometry)에 대해서도 알려드릴게요. 어떤 부분을 먼저 알아보고 싶으신가요?"

올라프의 물음에 애니는 답했다.

"음, 백색광 간섭 측정기가 정밀한 3D 측정에 어떻게 활용되는지 궁금하네요."

"네! 천천히 살펴보도록 하죠. 백색광 간섭 측정기는 백색 광원을 사용해서 물체의 표면을 측정하는 방법이에요. 반사된 빛이 서로 간섭을 일으켜 빛의 무늬를 만들어 내고, 이를 분석해서 거리를 계산하고 있죠. 이 장비는 아주 민감하게 작동해서 투명한 물체나 까다로운 표면에 대해서도 적용할 수 있어서 다양한 산업 분야에서 제품의 품질 향상과 생산성 향상을 위해 활용되고 있어요.

반도체 제조나 규격 검사 같은 분야에서 레이저 대신 백색 광원을 사용하여 물체의 표면을 조명하고, 이를 통해 미세한 높이 차이나 경도를 정밀하게 측정합니다. 그리고 반도체 제조에서는 미세한 표면 특성을 정확하게 파악하여 제조 과정에서 발생할 수 있는 결함이나 불량 부분을 조기에 발견하는 데 활용됩니다."

"그럼 백색광 간섭 측정기의 작동 원리는 어떻게 되는걸까요?"

"백색광 간섭 측정기 작동 원리를 살펴보기 전에 먼저 백색 광원에 대해서 설명해 드릴게요. 백색 광원은 여러 파장의 광을 가지고 있어서 표면에 비추면 빛의 파장이 상호 간섭하게 됩니다. 레이저와는 달리 다양한 파장을 사용하게 되어 정밀한 측정이 가능하죠. 우선 간섭을 만들기 위해 빛을 분리합니다. 백색광은 빔 스플리터라 불리는 광학 구성 요소를 통과하게 되는데, 이 장치는 빛을 서로 다른 경로로 분리해 냅니다. 그리고 이렇게 분리된 빛은 간섭기를 통과한 후에 다시 합쳐집니다."

반사된 빛은 래퍼런스 미러로 보내지는데, 래퍼런스 미러는 움직일 수 있어서 빛의 양을 조절합니다. 나머지 부분은 시료 표면으로 조사되어 반사된 빛과 참조 광이 다시 빔 스플리터로 돌아가게 됩니다.

반사된 빛은 간섭기에서 다시 만나게 되는데, 두 빛 파장이 합쳐질 때 그 상태는 상호 간섭에 따라 변화하게 되죠. 높이 차이가 있는 지점에서는 빛이 상호 간섭하여 간섭 패턴이 생성되고, 이 패턴은 표면의 미세한 변화를 나타내는 정보를 담고 있어요."

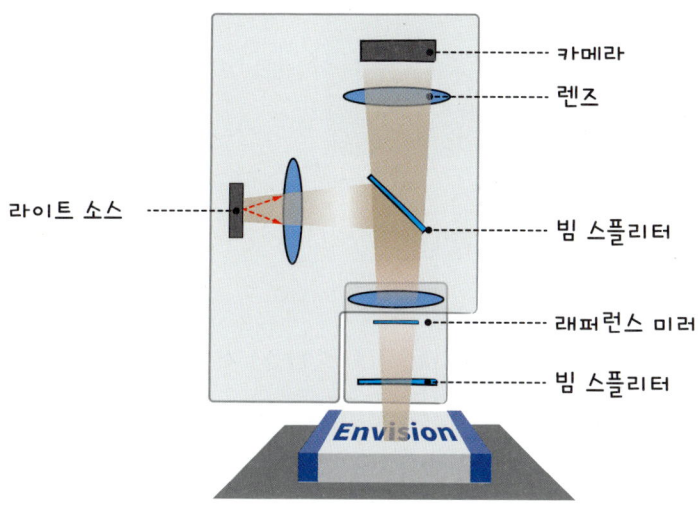

올라프는 계속해서 설명을 이어나갔다.

"그리고 시료 표면은 Z축 방향으로 이동할 수 있어서 각 지점에서 간섭 무늬 강도가 최대가 되는 광로 차(Z축 높이)를 구하면 해당 지점의 형상(높이 차)을 정확하게 측정할 수 있어요. 간섭 패턴은 센서 등 다른 감지 장치를 통해 측정되고, 이 정보는 컴퓨터 소프트웨어를 통해 3D 모델로 시각화됩니다. 이러한 방식으로 백색광 간섭 측정기는 높은 정밀도와 해상도로 표면의 미세한 특성을 측정하고, 제조 과정에서의 품질 향상을 기대할 수 있는 기술이라고 볼 수 있어요.

그래서 앞서 이야기한 것처럼 백색광 간섭 측정기는 매우 높은 정밀도와 해상도를 제공하고, 표면의 미세한 불규칙성도 측정할 수 있습니다. 또한, 비접촉식으로 작동하기 때문에 시료 표면을 손상시키지 않고 정밀한 측정을 수행할 수 있어요. 이 기술은 반도체 제조, 규격 검사, 광학 렌즈 제작, 나노 테크놀로지, 의료 기기 제조 등 다양한 분야에서 활용되고 있습니다."

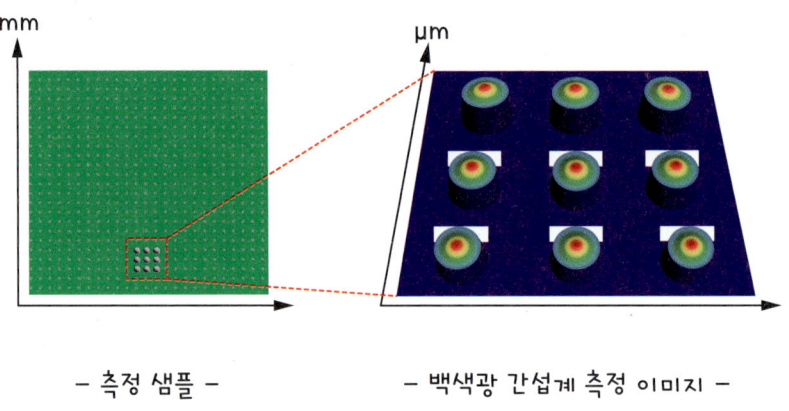

- 측정 샘플 -   - 백색광 간섭계 측정 이미지 -

"알겠습니다. 감사합니다, 올라프! 정말 도움이 많이 되었어요."
"애니! 저도 덕분에 재미있었네요. 언제든지 궁금한 것이 있으면 물어보세요."

기타 3D 기술에는 어떤 것들이 있나요?

"애니! 앞서 설명드린 기술들 외에도 3D 분야의 다른 기술들에 대해 설명드릴게요. 우선 스테레오 비전이란 기술도 있는데요. 스테레오 비전은 두 개의 카메라 렌즈를 사용하여 깊이 정보를 계산하는 기술입니다. 이것은 인간의 두 눈으로 3D 공간을 인식하는 방식과 유사합니다.

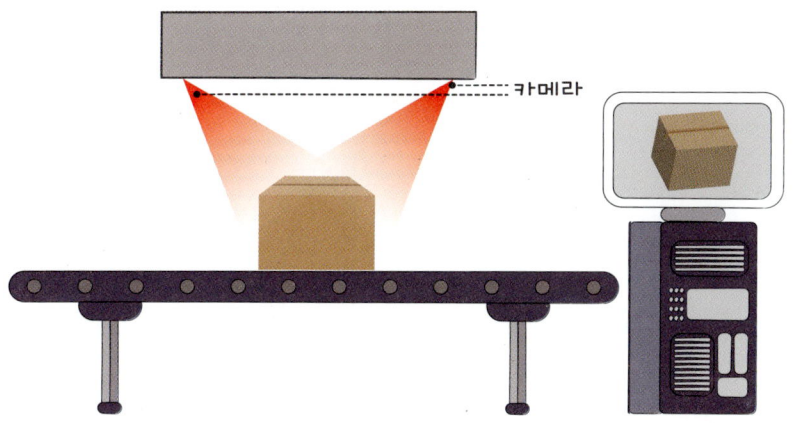

이 기술은 제조 업체에서는 부품 조립 검사, 로봇 가시 센싱, 자동차 조립 라인에서 불량품 검출 및 로봇 기반 안전 시스템 등 다양한 분야에서 활용됩니다.

ToF 센싱은 광원이 물체에 반사되고 다시 센서로 돌아오는 데 걸리는 시간을 측정하여 깊이 정보를 얻는 방법입니다. 이 방법은 광원에서 발사된 광선의 속도와 반사된 광선의 시간 지연을 이용하여 거리를 계산합니다. 주로 자율 주행 차량, 로봇 네비게이션, 보안 및 모션 감지에 사용됩니다.

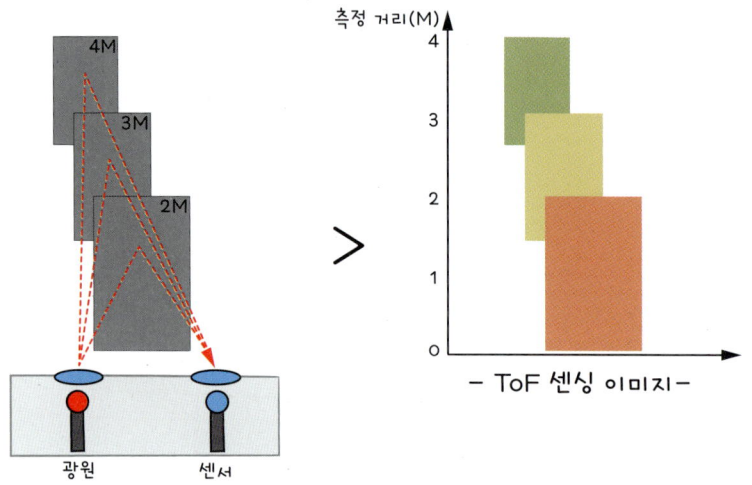

라이트필드 이미징의 경우, 동일한 물체를 Camera Array 혹은 Micro Lens Array를 배치하여 다양한 각도에서 물체의 이미지를 획득합니다. 이 이미지들을 알고리즘 처리하여 3D 정보를 파악하게 됩니다.

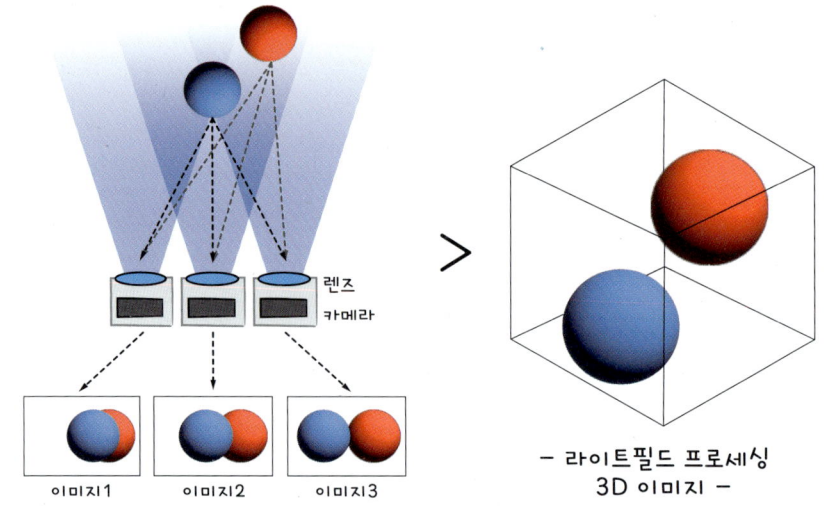

구조광 이미징은 패턴을 가진 빛을 프로젝터를 통해 물체에 비추고, 물체

표면에 비친 패턴을 카메라로 촬영하여 알고리즘 처리를 통해 3D 모델을 생성하는 기술입니다 이 기술은 주로 제품 검사, 얼굴 인식, 역학 분석, 그리고 의료 영상 분야에서 활용돼요.

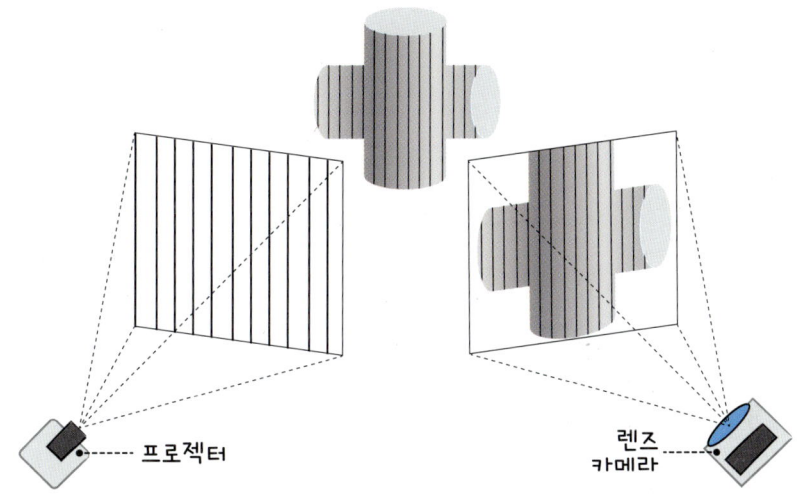

이러한 3D 검사 기술은 제품 품질 향상, 제조 공정 감시, 로봇 제어, 환경 인식 등 다양한 분야에서 활용돼요. 이를 통해 높은 정확성과 신속한 3D 모델링 및 검사가 가능해지는데, 이는 제품 개발 및 생산 단계에서 효율성을 높이고 비용을 절감하는 데 큰 도움이 돼요."

"정말 신기하고 유용한 기술이네요. 감사합니다, 올라프."

"별말씀을요, 애니. 언제든지 궁금한 게 있으면 물어보세요!"

머신비전 3D 데이터시트

올라프는 3D 제품의 데이터시트를 보여주며 설명했다.

"아래는 저희가 취급하고 있는 레이저 삼각법을 적용한 3D 레이저 프로파일러 제품의 데이터시트의 일부분이에요. 해당 데이터시트에서 중요한 항목들을 순서대로 설명드릴게요."

제품군	Laser Profiler
WD (Reference Distance)	160mm
측정 영역 (Z-Axis Height)	90mm
X축 Near FOV (Near Side)	84mm
X축 Far FOV (Remote Side)	120mm
레이저 파장 (Light Source Wavelength)	405nm Blue laser
레이저 등급 (Laser Slass)	2M
레이저 출력 (Laser Output Power)	10mW
Z축 반복성 (Z-Axis Repeatability)	1.5μm
X축 반복성 (X-Axis Repeatability)	4μm
X축 해상도 (X-Axis Data Interval)	19μm
Z축 선형성 (Z-Axis Linearity)	±0.02 % F.S
측정 포인트 수 (X-Axis Profile Points)	6400
반사각 (Reflection Angle)	28°
속도	1500 ~ 13000Hz
제품 사이즈	205×127×70.5mm
제품 무게	2020g

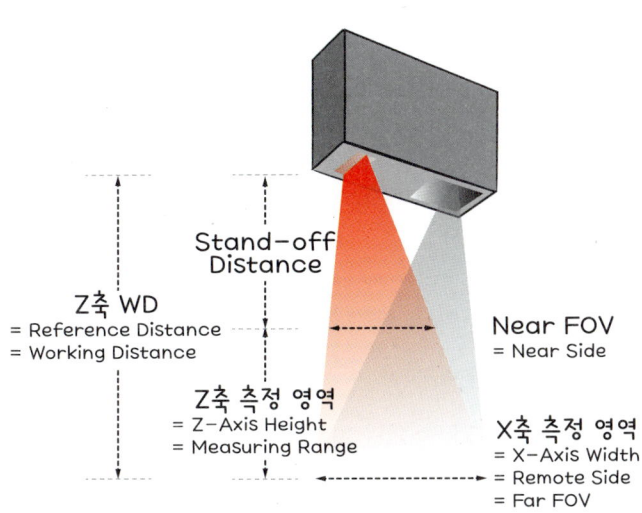

"처음에 표현된 Reference Distance는 2D 데이터시트에 나와 있는 Working Distance와 비슷한 개념이에요. Measuring Range와 Stand off Distance를 더한 길이라고 할 수 있죠.

그리고 깊이범위(Z-axis height)는 3D 카메라가 높이를 측정할 수 있는 최대와 최소 범위를 나타냅니다. 어떤 범위 내에서 3D 정보를 얻을 수 있는지 결정하는 거예요. Measuring Range(MR)로도 표현되기도 하죠.

X-axis width는 우리가 흔히 2D에서 이야기하는 Field of View (FOV)와 의미가 비슷합니다. 현재 데이터시트에 표현된 X-axis width의 경우, X축 FOV를 뜻합니다. 이러한 파라미터들은 제조사, 제품 특성에 따라 표현하는 방법이 각각 다르니, 잘 살펴보고 확인이 필요합니다. 일반적으로 광삼각법 기반 레이저 프로파일러의 경우 측정 높이 영역에 따라, X축 FOV가 다릅니다. 이 중 측정 장비와 가까운 영역을 Near side, 측정 장비와 먼 영역을 Remote side라 부르며, 현재 보고있는 데이터시트의 경우 각각의 FOV를 명기해 두었습니다. Reference side의 경우, 제조사가 지정한 최적의 설치 위치에서 FOV를 뜻하며, 현 제품의 경우 Near side와 Remote side의 중간 지점 중 하나로 설정되어 있습니다.

보통 깊이범위(Z-axis height)와 X축 FOV(X-Axis width)가 클수록 더

넓은 면적을 한 번에 측정할 수 있는 장점이 있어요.

다음에 나오는 반복성(Repeatability)이라는 수치는 여러 번 측정하여 나타낸 값의 편차를 의미합니다. 측정의 일관성을 나타내며 안정적인 결과를 얻을 수 있도록 중요한 부분이에요. 반복성값이 작을수록, 측정 시 편차가 적습니다.

정확도(Accuracy)는 측정한 높이와 실제 높이 간의 최대 오차를 나타냅니다. 정확도는 매우 중요한 요소 중 하나예요. 정확도 수치가 작을수록, 실제 사물의 치수와 측정된 치수의 일치율이 증가합니다.

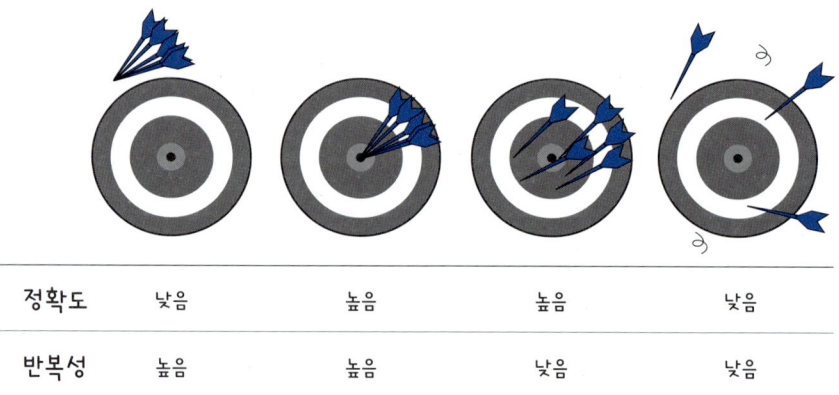

정확도	낮음	높음	높음	낮음
반복성	높음	높음	낮음	낮음

선형성(Linearity)은 센서나 카메라의 측정이 입력과 일정한 비율로 선형적으로 관련되어 있는 정도를 나타냅니다. 이 선형성은 정확한 결과를 얻기 위해 중요한 특성 중 하나에요. 선형성이 유지되면 시스템이 더 예측 가능하고 조절 가능해지며, 정확한 측정이 가능해져요.

그다음 측정 포인트 수(Profile points)에 대해 알아볼까요? 이제품의 측정 포인트 수는 6,400이라고 되어있네요. 측정 포인트 수는 측정된 3D 좌표를 나타내는 데이터 포인트를 의미합니다. 일반적으로 측정 포인트 수가 많을수록 3D 모델의 해상도가 향상되어 정밀도가 높아집니다. 하지만 측정 포인트 수를 결정할 때에는 사용 환경, 대상 물체의 특성, 그리고 필요한 정밀도 등을 고려해야 해요. 측정 포인트 수가 많을수록 데이터 처리에 더 많은 시간이 소요되기도 합니다. Area 기반 제품의 경우 X, Y 픽셀의 개수를 명시하는 경우도 있습니다.

"아! 이제 알겠어요! 그럼 X축 해상도(X-axis data interval)는 무슨 뜻인가요?"

"X축 해상도(X-axis data interval)는 X축(라인) 방향으로 얼마나 세밀하게 높이를 측정할 수 있는지에 대한 지표입니다.

보통 X, Y 해상도는 3D 이미지의 디테일 수준을 결정합니다. 높은 해상도일수록 물체의 작은 특징이나 결함을 더 정확하게 감지할 수 있게 됩니다.

추가로 설명드리자면 이 데이트 시트에는 표기를 안 해놓았는데, 일반적으로 3D에서 말하는 해상도는 깊이 해상도(Z-axis resolution)와 이에 수직한 X, Y 해상도로 구분할 수 있어요.

깊이 해상도는 3D 이미지에서 물체의 높이를 얼마나 정확하게 측정할 수 있는지를 나타냅니다. 높은 깊이 해상도는 물체의 높이 차이를 더 정밀하게 분석할 수 있도록 도와줍니다. 다른 3D 제품 데이터시트에서 흔하게 볼 수 있을 거예요.

"다음은 라인 색수차 공초점 측정기(Line Chromatic Confocal Imaging Module) 데이터시트인데요. 레이저 프로파일러에서 거의 설명한 내용이라 앞에서 한 내용들을 비교해서 보시면 좋을 거예요!

제품군	Chromatic Confocal
측정 포인트 수 (Data Points/Line)	1920
X, Y축 측정 범위 (FOV)	3.5mm
해상도 (Optical Resolution)	1.9μm
측정 높이 범위 (Measuring Range)	1.05 mm
Z축 반복성 (Z-Axis Repeatability)	0.12μm
측정거리 (Working Distance)	9.3mm
Slope (Max.Detection Angle)	45-85deg
속도 (Max.Scan Rate)	20kHz
인터페이스 (Interface)	Gigabit Ethernet

이 중에서 Slope(경사)는 앞에서 언급하지 않은 항목인데요. 측정 샘플과 장비가 이루는 각도를 의미합니다. 특히 경사가 있는 표면에서 정확한 측정을 위해 중요한 부분이에요. 경사 수치가 클수록, 더 가파른 각도를 가진 제품의 이미지를 쉽게 획득할 수 있습니다."

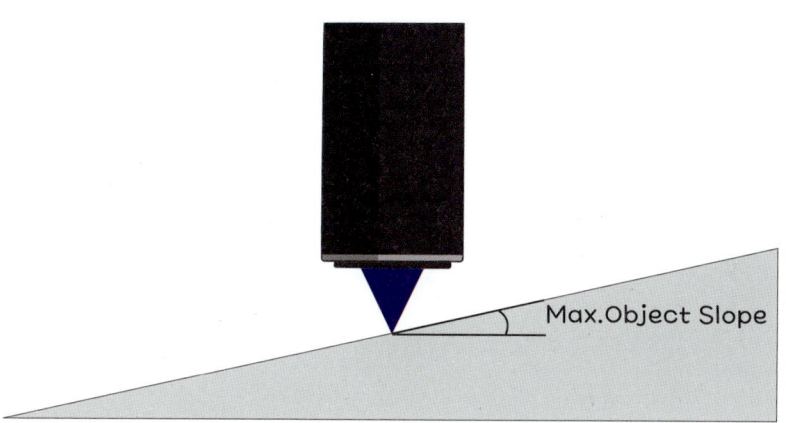

"올라프! 감사합니다! 데이터시트에 언급되지 않은 내용 중에도 중요한 내용이 있을까요?"

"네! 데이터 형식이라는 항목값도 있는데요. 데이터 형식은 대표적으로 포인트 클라우드와 깊이 맵으로 나뉘어져요. 이 데이터를 이용하면 물체의 형태와 표면을 정확하게 표현할 수 있습니다."

"깊이 맵? 무슨 뜻인가요?"

"깊이 맵은 각 픽셀의 깊이 정보를 나타내는 2D 버퍼 기반 이미지에요. 일반적인 2D 카메라로 획득한 이미지는 각 픽셀에 밝기값이 입력되지만, 깊이 맵은 각 픽셀에 높이값이 입력됩니다. 이 2D 버퍼를 이용해 이미지 후처리를 간단하게 진행할 수 있습니다. 이제 포인트 클라우드에 대해 알아볼까요?"

"네 좋아요!"

"포인트 클라우드는 각 데이터를 3D 공간에서 물체의 각 포인트를 3D 좌표로 나타낸 데이터 집합이에요."

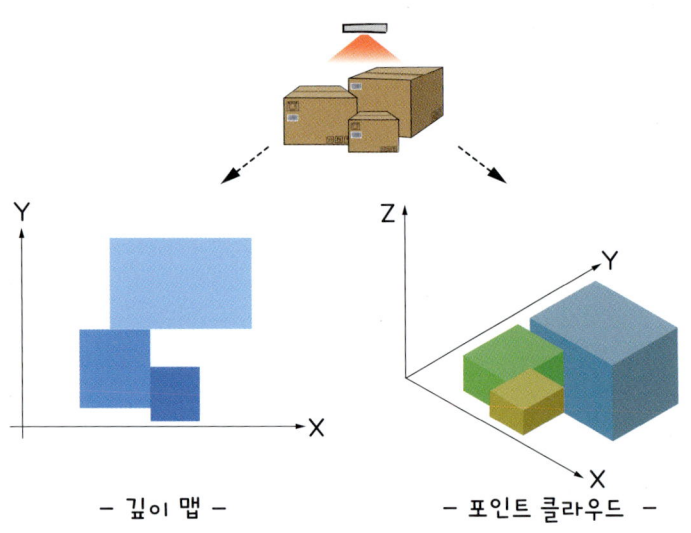

- 깊이 맵 -   - 포인트 클라우드 -

3D 데이터 처리는 3D 검사 결과를 분석하고 필요한 작업을 수행하는 과정입니다. 여기에는 객체 인식, 컬러 분석, 결함 감지 등이 포함될 수 있어요.

간단히 말해, 우리가 얻은 3D 데이터를 유용한 정보로 만드는 작업이에요."

"알겠어요! 이런 사항들은 머신비전에서 중요한 역할을 하는 거군요."

"맞아요. 각각의 응용 분야와 요구 사항에 맞게 이러한 기술들을 고려하여 3D 머신비전 시스템을 선택하고 구성하는 것이 중요합니다."

"감사합니다, 올라프! 3D 머신비전에 대해 많이 배웠어요."

애니는 올라프의 설명을 들으며 이해한 내용을 바탕으로 앞으로 머신비전 기술에 대해 더 깊게 이해할 수 있을 거란 자신감이 생겼다.

용어사전

Measuring Range (MR)
해당 측정 장비로 측정 가능한 높이(거리) 범위로, 2D 이미징에서의 심도(DOF)와 유사한 개념입니다.

Field Of View (FOV)
해당 측정 장비로 측정 가능한 가로/세로(X, Y축) 범위로, Measuring Range(Z축)와 구분되는 개념입니다.

Number Of Points (Pixels)
FOV가 몇 포인트(혹은 픽셀)로 구성되었는지에 대한 정보입니다. 일반적으로 큰 값을 가진 장비일수록 정밀한(작은) Lateral Resolution값을 가집니다.

Resolution
장비에서 구분 가능한 측정 단위로, Lateral Resolution(X, Y축)와 Vertical Resolution(Z축)로 나눌 수 있습니다.

Lateral Resolution (Optical Resolution)
2D 이미징에서의 X, Y 해상도와 동일한 개념입니다.

Vertical Resolution
구분 가능한 최소 높이(높이 방향 분해능)로, Z-Resolution, Height Resolution, Depth Resolution 등으로 표기됩니다.

Accuracy
실제 높이와 측정한 높이의 최대 오차를 의미합니다.

Linearity	측정 범위 내 위치에 따라 정확도가 다르게 나타나는 현상으로, 장비의 Systematic Error라고 불립니다.
Precision	정밀도(재현성)으로, 여러 번 측정한 결과가 서로 얼마나 유사한지를 나타내는 기준입니다. Repeatability와 Reproducibility로 구분됩니다.
Repeatability	반복 정밀도로, 짧은 시간 내에 하나의 장비로 하나의 샘플을 한 명의 작업자가 동일한 프로세스로 반복 측정 했을 때, 측정값의 최대 편차로 정의됩니다.
Reproducibility	하나의 장비로 다수의 작업자가 동일한 프로세스로 반복 측정 했을 때, 다수의 작업자 간 평균값의 최대 편차로 정의됩니다.
Slope	측정 샘플과 장비가 이루는 각도를 의미합니다. 일반적으로 Max. Slope로 제공되어 장비가 측정 가능한 최대 각도를 명시합니다.
Working Distance	장비와 감지되는 물체 사이에 확보해야 하는 거리를 나타냅니다.

5장
자동초점 시스템 & 이미징 모듈은 무엇인가요?

Module

5장
자동초점 시스템?

다음 날 애니는 앤비젼 홈페이지를 통해 전날 배웠던 제품들의 사양들을 찾아보며 공부하였다. 그런데 이때 '이미징 모듈'이라는 생소한 카테고리가 눈에 띄었다.
'이미징 모듈이 뭘까?'
로봇 코코에게 앤비젼 내에 '이미징 모듈'을 담당하고 있는 곳으로 안내해 주길 부탁했다.
로봇 코코는 곧바로 애니를 앤비젼에서 개발하고 있는 다양한 이미징 모듈이 있는 R&D 기술센터로 안내했다. R&D 기술센터는 렌즈 랩실과 맞닿은 곳에 있었고, 앞 쪽에선 비비안이 자동초점 시스템을 조립하고 있었다.
"안녕하세요? 저는 이번에 새로 입사하게 된 애니라고 합니다. 제가 앤비젼 홈페이지를 찾아보니 자동초점 시스템도 소개되어 있고 이미징 모듈 카테고리가 있던데 잘 모르겠더라구요. 그래서 이 곳을 찾아 오게 되었어요. 코코는 비비안을 찾아가면 알 수 있을 거라고 이야기하더라구요"
"잘 찾아왔네요. 애니가 궁금해할 내용들을 제가 잘 소개할 수 있었으면 좋겠네요. 그럼 고배율 광학계의 결상을 도와주는 자동초점 시스템, 작은 이물을 강한 빛으로 검출하는 레이저 산란모듈, 시료의 윗면 뿐만 아니라 측면과 하면도 One-shot으로 촬영하는 3면광학계, 원통형 이차전지의 내부 모두를 검사하는 Inside 360도 광학계 순서대로 알려드리도록 하겠습니다. 우선 자동초점 시스템부터 가볼까요?"

"자동초점 시스템? 초점을 맞추는 건 알겠는데, 머신비전에서 자동초점 시스템이 왜 중요한지 잘 이해가 안 가요."

"그랬군요. 자동초점 시스템(AFM, Autofocus Module)은 쉽게 말하면 시료가 움직일 때 이미지의 초점을 조절해 주는 모듈이에요. 한 문장으로 정리하자면 '시료가 이동할 때 이미지 초점이 나가지 않게 즉, 심도 범위 안을 유지할 수 있도록 광학계의 높이를 변경하는 모듈'이라고 할 수 있어요.

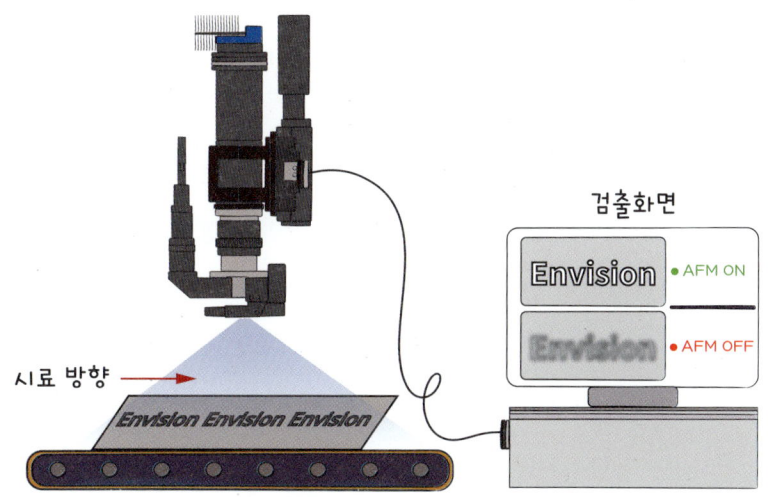

애니는 아마 자동초점 시스템에 익숙치않아 바로 이해되지는 않겠지만 제 설명을 듣고 나면 자동초점 시스템을 더 잘 이해할 수 있을거라 생각해요. 만약 이해가 잘 안된다면 이전에 카메라, 렌즈, 3D 등에서 배웠던 개념들을 한 번 더 살펴보도록 할게요."

"네 말씀하신 것처럼 전혀 모르겠네요. 앞선 개념들 중에서 어떤 공부가 필요할까요?"

"먼저 카메라의 종류는 여러 방법으로 분류할 수 있지만 크게 Line scan 카메라와 Area scan 카메라가 있다고 들었죠? 일상적으로 우리가 익숙한 카메라는 센서가 2차원으로 배열되어 있는 Area 카메라지만, 머신비전에서는 이야기가 조금 달라요. 우리가 사진을 찍을 때는 물체가 멈춰져 있는 반면에 산업에서는 디스플레이, 반도체 등 검사하고자 하는 대상이 끊임없이 이동하기 때문에 'Scan'이라는 이름이 뒤에 따라붙게 됩니다."

"맞아요. 그래서 카메라에 대해서 공부할 때도 Area scan, Line scan의 이름으로 분류해서 공부했었어요."

"자동초점 시스템에서도 마찬가지입니다. 우리가 카메라로 촬영할 물체가 컨베이어 벨트 상에서 멈춰 있다면, 초점을 잘 맞춰서 사진을 찍으면 됩니다. 그런데 컨베이어 벨트에서 빠르게 움직이는 물체를 촬영하게 되면 물체가 위아래로 움직이게 되어 제대로 촬영하지 못할 거예요. 그래서 초점을 자동으로 맞춰주는 Autofocus를 맞춰놓고 촬영을 하면 자동으로 초점이 맞춰지겠죠? 이제 촬영해야 할 대상을 컨베이어 위의 PCB 기판이라고 생각해 봅시다. 우리가 원하는 건 기판 위에 있는 글씨를 읽어야 하는 것인데 이때 문제는 보통 PCB 기판이 평평하지 않다는 것입니다."

애니가 답했다.

"무슨 말인지 알 것도 같은데 아직 모호하네요. 어떤 물체가 지나가고 있고, 라인 스캔으로 이미지 찍는다는 것쯤은 이해했습니다. 그런데 기판이 평평하지 않은 게 무슨 문제가 되는지 잘 모르겠어요."

"그랬군요. 힌트를 주자면 렌즈를 공부할 때 봤을 수도 있을 '심도'의 개념을 생각해 보면 알지도 몰라요."

"음… 심도는 초점이 잘 맺히는 영역이라고 배웠는데요. 그럼 심도 밖으로 시료가 올라가거나 내려가면… 이미지는 흐려지겠죠. 아! 라인 스캔 할 때 높이 차이가 있으면 이미지가 흐려지니까 제대로 검사할 수가 없겠네요!"

"아주 정확해요. 대답해 준 것처럼 아래 그림을 보면 심도가 왜 중요한지 볼 수 있어요."

"아! 그림을 보기 전에 궁금한 점이 하나 더 있어요. 전에 공부했을 때도 그렇고 심도가 어떤 개념인지는 이해가 됐어요. 그런데 제가 핸드폰 카메라로 사진을 찍어봤을 때, 멀리 있는 물체가 흐려 보이지는 않던데요? 지금도 비비안을 보고 있지만, 뒤에 있는 책상도 보이고 저 멀리 시계도 보이는 걸요. 머신비전과 비슷한 CCTV 영상에서도 그래요. 블랙박스나 CCTV 영상을 보면 흐려 보이거나 하지 않잖아요? 그건 왜 그런 걸까요?"

"배운 지식을 적용해 보기까지 하다니 애니의 학습요령이 아주 바람직하네요. 핸드폰 카메라, 블랙박스, CCTV에 사용하는 광학계들은 공통점이 있어요. 그리고 그건 작은 이물을 보는 검사장치와는 다른 점이기도해요."

"음 뭘까요? 아래 그림을 봐도 이해가 잘 떠오르지 않네요."

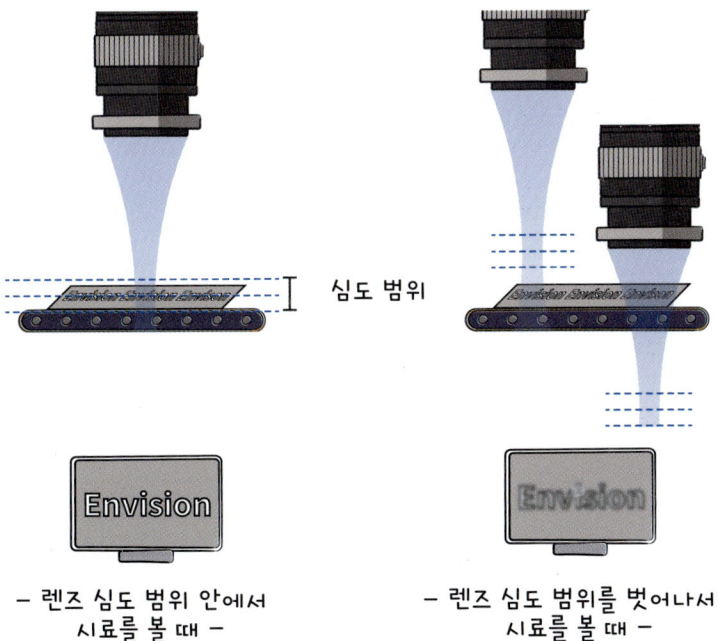

- 렌즈 심도 범위 안에서 시료를 볼 때 -

- 렌즈 심도 범위를 벗어나서 시료를 볼 때 -

"이미 충분히 잘하고 있으니까 시무룩하지 않아도 돼요. 정답은 배율이에요. 우리가 일상적으로 사용하는 카메라들은 넓은 영역을 한눈에 보는 용도지요. 큰 것(수 미터)을 작게(수 밀리미터)보니까 '축소'하는 상황이라고 할 수 있겠죠. 그러면 배율은 0.33x, 0.01x처럼 1보다 작게 사양서에 쓰여 있을 겁니다. 반면 작은 것을 크게 봐야 하는 고배율일 때는 심도가 좁아 흐려지는 것을 볼 수 있죠. 방금 전에 애니가 저도 보면서 뒤에 책상도 보이고 시계도 보인다고 했죠? 손금을 본다고 생각하고 손바닥을 눈에 가까이 대볼래요?"

애니가 한쪽 손을 코에 가깝게 대었다.

"그 상태에서도 제 얼굴이 선명하게 보이나요? 어지러우면 한쪽 눈을 감고 시도해 보면 좀 더 쉬워요."

"와 정말 흐릿해 보이네요. 시계는 더 흐릿해 보이는데요. 손금(작은 물체)을 눈(큰 영역)에 맞히게 하려니까 고배율 시스템이고, 심도 밖에 있는 물체들은 흐려 보인다. 이렇게 이해하면 될까요?"

"네 맞아요. 한 번에 이해하다니 대단한걸요. 오늘이 지나도 배율이 커질수록 심도가 좁아지는 특성을 잘 기억하고 있으면 좋겠네요. 배율이 n배 증가할 때 심도는 n^2이 줄어든다는 점도 알면 도움이 될 거예요. 아래 그림을 보면 심도의 범위를 더 직관적으로 이해할 수 있을 것 같네요."

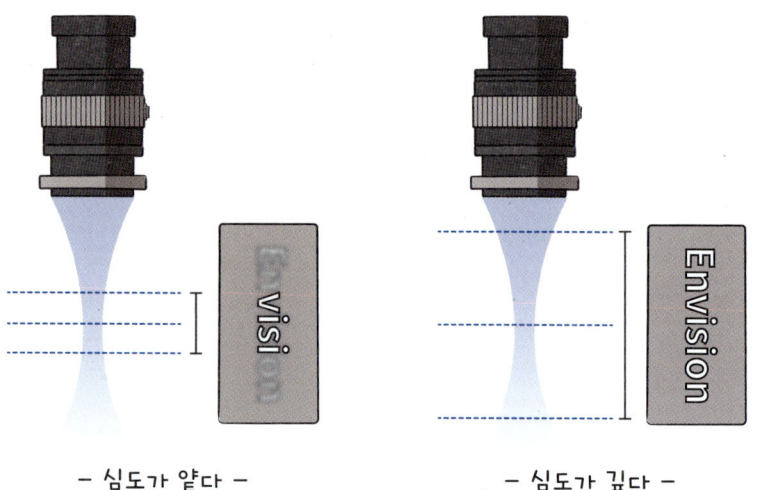

― 심도가 얕다 ―   ― 심도가 깊다 ―

"그러니까 자동초점 시스템을 사용하는 이유를 설명해 주신 것이죠? 음, 이제까지 했던 내용을 다시 짚어보고 싶어요. 라인 스캔을 하긴 하는데 이 때… 분명 이해는 됐는데 정리해서 설명하기 어렵네요. 비비안께서 혹시 정리하는 데 도움을 주실 수 있을까요?"

"배운 지 얼마 안 되서 아직 자유롭게 개념을 다루기에는 어려울 것 같아요. 몇 가지 퀴즈를 드릴 테니 같이 생각하며 정리해 볼까요?"

"네! 한번 해볼게요."

"음 같은 말이지만 이해가 좀 정리가 됐어요."

"좋아요. 이 심도 안에 들어오게 하는 방법은 쉽게 두 가지가 있는데요. 시료를 이동하거나, 광학계를 이동하거나 둘 중 하나입니다. 당연히 우리는 시료에 외력을 가하고 싶지 않죠. 그래서 광학계를 움직이는 것을 선택한 것이고, 이게 맨 처음 제가 자동초점 시스템을 한 문장으로 설명한 것입니다."

"네? 광학계를 움직이는 것은 당연하죠. 시료를 움직이는 것은 생각도 안 했어요, 그런데 제가 자동초점 시스템을 이해했다니요? 아직 정리도 덜 된 것 같은데요?"

"그럼 다시 처음에 제가 설명해 준 문장을 살펴볼까요? '시료가 이동할 때 이미지 초점이 나가지 않게, 즉 심도 범위 안을 유지할 수 있도록 광학계의 높이를 변경하는 모듈'. 자 어때요? 처음에 이 문장을 봤을 때는 무슨 말인지 이해가 어려웠죠. 하지만 자동초점 시스템을 왜, 언제 사용하는지 이해해 버린 애니는 저 문장이 너무 간단해 보일 것 같은데요."

"신기하게도 그렇네요. 오히려 빈약한 설명처럼 보이는 것 같은데요."

"좋습니다. 애니, 그럼 자동초점 시스템의 원리에 대해서도 이야기해 줄게요."

"네! 좋아요!"

"자동초점 시스템의 구성은 다음 장의 그림처럼 자동초점 센서, 자동초점 스테이지, 자동초점 제어기까지 총 세 가지로 구성됩니다. 자동초점 센서(AFS, Autofocus Sensor)에서 측정한 높이를 자동초점 제어기(AFCB, Autofocus Control Box)를 통해 계산 알고리즘을 거치고, 자동초점 스테이지(AFA, Autofocus Actuator)가 광학계를 움직이는 것이죠."

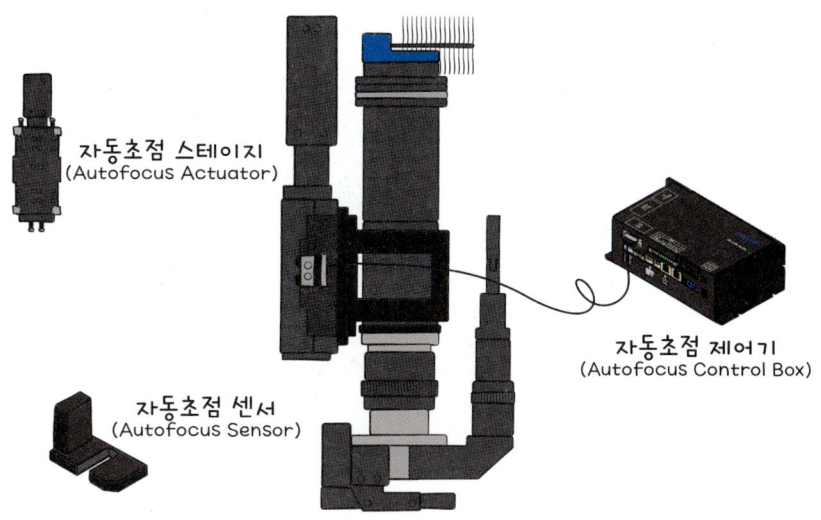

"이 중에서 높이를 측정하는 자동초점 센서에 대해 알아보죠! 3D 시간에 레이저 삼각법에 대해 배웠었죠? 한 번 더 정리를 하자면 레이저 삼각법은 높이 측정을 위해 여러 분야에서 사용하고 있는 방법인데요. 레이저로 비스듬하게 입사한 빛이 시료에 맞고 센서의 다른 위치에서 맺히게 됩니다. 레이저의 각도와 센서의 위치를 이미 알고 있기 때문에 우리는 높이 차이를 측정할 수 있는 것이지요. 입사 각도를 이용한 삼각함수로 높이를 계산하기 때문에 '삼각법'이라는 용어를 사용합니다. 말로 설명하기보다는 그림으로 이해하는 것이 더 와닿을 것 같네요. 다음 그림을 보고 '높이를 구별할 수 있겠구나'만 인지하면 좋겠습니다."

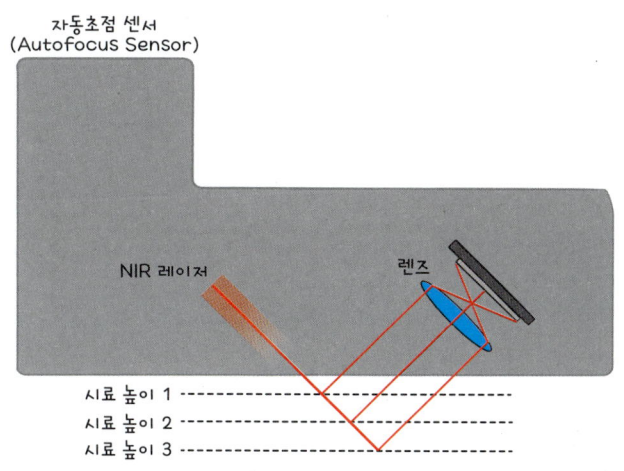

"그림을 보니 좀 이해가 되는 것 같아요 자동초점 센서가 레이저 삼각법 방식으로 높이를 측정한다는 말씀이시죠?"

"음… 맞긴 한데 AFS는 조금 달라요. 순수한 레이저 삼각법만 이용하면 기울기가 있는 시료에서는 높이가 다르게 측정됩니다."

"잘 이해가 안되는데요. 시료 특성에서 그런 현상이 관찰될까요?"

"극단적인 상황을 가정해 보자면, 높이는 같은데 기울기가 다른 패턴들이 중간중간 있으면 높이가 들쭉날쭉 한 것처럼 측정되겠죠? 그런 상황이라면 자동초점 스테이지는 심도 범위보다 훨씬 큰 차이로 요동치게 될 것입니다."

"네 이제 조금 더 이해가 가요. 그럼 자동초점 센서는 어떤 방법으로 이 문제를 해결하셨나요?"

"다음 그림을 보면 이해에 도움이 될 것 같네요. 광학적으로 센서에 결상하는 방법을 사용하는데요. 표면을 결상할 수 있는 렌즈를 센서 앞에 두는 것이 해결책입니다."

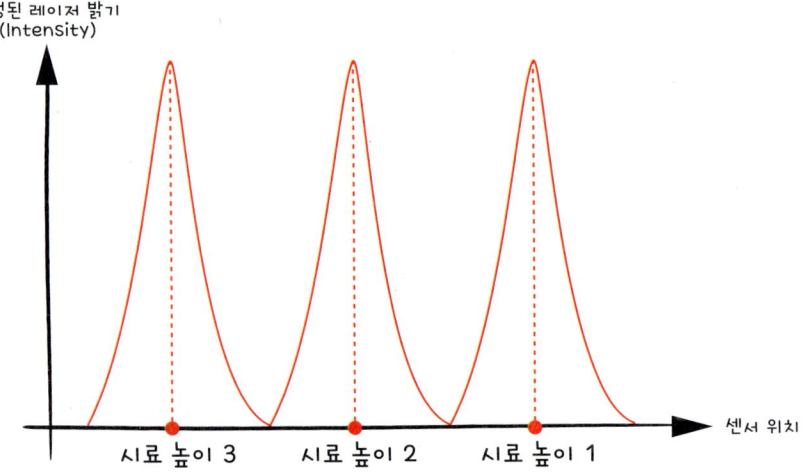

"아하. 그래서 센서에서 획득한 데이터의 좌우가 바뀐 것이군요. 이전 그림과 좌우가 바뀌어서 궁금했어요."

"네 맞아요. 실제로 자동초점 시스템을 구동할 때 자주 관찰하게 되는 데이터도 LID커브입니다. 피크의 위치로 높이 변화를 알 수도 있고 피크의 개수로 시료의 레이어 개수를 추측할 수도 있는 것이지요. 다음은 'Off-set 기능' 과 'Peak selection 기능'에 대해 알아보려고 해요. 심화 과정이니 잘 따라오면 좋겠어요. 처음 설명하고 싶은 것은 Off-set 기능이에요. 먼저 Off-set이라는 단어를 들어본 적이 있을까요?"

애니가 고개를 갸우뚱거리며 이야기했다.

"들어본 적이 있는 것 같기도 하지만 잘 모르겠어요. 설명해 주실 수 있을까요?"

"좋습니다. 사실 우리는 Off-set 기능을 여러 분야에서 생각하고 활용하고 있어요. Off-set은 시작점을 다르게 하는 것이라고 생각할 수 있어요. 예를 들어 문서를 작성할 때 글머리기호 매기는 기능을 사용해 보셨을 것 같아요. 이 때 1부터 순서대로 1, 2, 3이 매겨지죠. 이때 Off-set을 2만큼 더한다는 뜻은 3부터 순서대로 3, 4, 5 순서대로 매긴다는 뜻이에요."

애니는 그제야 웃으며 말했다.

"생각보다 훨씬 간단하네요. 다시 생각해 보니 기타를 치거나 노래를 들을 때 Off-set이라는 단어를 본 것 같기도 해요."

"멋지네요. 그럼 AFM에서 이야기하는 Off-set은 어떤 것일까요?"

"음… LID 커브에서 해당하는 높이의 위치를 바꾸는 Off-set 기능일까요?"

"좋은 추측이었지만, 그건 기구물을 실제로 바꿔가며 세팅하고 있어요. 다음 그림을 보면서 설명해 드릴게요."

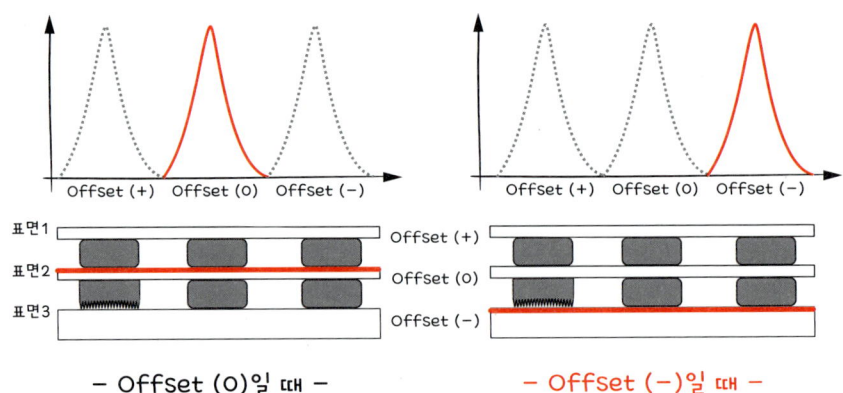

- Offset (0)일 때 -   - Offset (-)일 때 -

"이제 실제 시료를 예로 들어 설명해 볼게요. 위 그림처럼 시료 표면에 이물이 있는 것이 아니라 속에 숨겨져 있는 것을 보는 것으로 가정해 봐요."

"네 비비안, 왼쪽 그림의 표면3에 있는 오돌토돌한 돌기를 이물로 생각하자는 것이죠?"

애니가 눈을 자세히 보려고 눈을 찡그리며 말했다. 집중하는 애니를 보며 비비안이 싱긋 웃으며 말을 이어나갔다.

"네 맞아요. 아마 저렇게 생긴 시료를 AF한다면 표면2를 추종하며 라인 스캔 하게 될 거예요. 앤비젼에서는 Off-set 기능을 사용해서 이 문제를 해결했답니다.

실제로 추종하는 것은 변하지 않아요. 표면2를 추종합니다. 그런데 우리는 표면2와 표면3 사이의 거리를 이미 알고 있어요. 그래서 똑같이 동작하지만 그 거리만큼 (-)방향으로 오프셋을 줍니다. 이렇게 하면 AFS는 표면2를 추종하면서 광학계 초점은 표면3에 맞출 수 있죠."

> **- Offset 기능 활용 방법 -**
>
> 1. AFS가 잘 반응할 수 있는, 비교적 평평한 시료 표면(표면2)에 AF를 세팅한다.
>
> 2. 촬영하고자 하는 표면(표면3)의 거리를 확인한다. 이때 AFA에 적힌 Z위치를 활용한다.
>
> 3. AF를 동작하면서 Offset을 원하는 만큼, 원하는 방향으로 적용한다.

"잘 이해했어요. 비비안. 그런데 궁금한 점이 있어요. 조금 무례할 수도 있지만, 그냥 표면3을 추종하면 될 것 같은데 왜 굳이 어려운 방법으로 접근하는지 잘 이해가 안되는데요. 혹시 적용하는 사람의 관점에서 조금 더 설명해 주실 수 있을까요?"

애니의 질문에 비비안은 애니가 자랑스럽다는 듯 미소를 띠었다.

"애니는 정말 총명하군요. 맞아요. 뒤에 설명할 'Peak Selection' 기능을 이용하면 표면3만 고를 수 있습니다. 하지만 Off-set 기능은 필요해요. 지금 그림은 표면3도 충분히 매끄러운 모습인데요. 만약 표면3이 PCB의 표면처럼 소자가 많고 울퉁불퉁하면 애초에 추종 자체가 힘들어집니다. 그렇다면 'Peak Selection'을 설명해 드릴게요."

비비안은 다음 화면을 가리키며 말을 이었다.

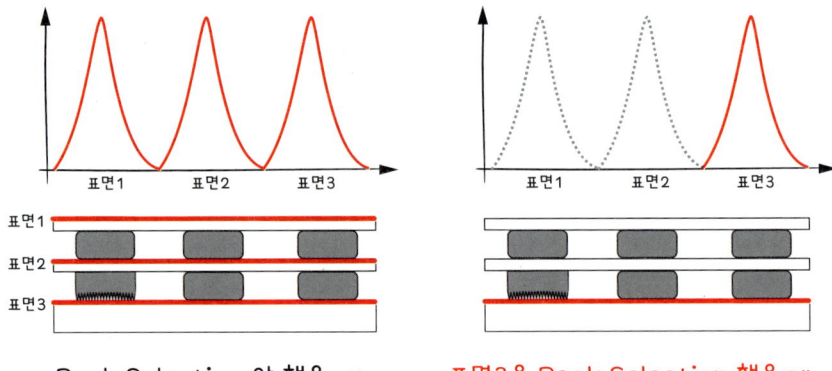

- Peak Selection 안 했을 때 -   - 표면3을 Peak Selection 했을 때 -

"먼저 왼쪽 그림을 볼게요. 핸드폰 위에 보호 필름이 있고, 그 위에 또 다른 필름이 있다고 생각해 봅시다. 그렇다면, AF를 동작하면 세 개의 표면에서 모두 LID 커브가 생길 거예요. (이게 이해가 안 되면 다시 앞부분을 보고 오셔야 해요.) 하지만 우리가 원하는 것은 표면3에 생기는 돌출결함이 되겠죠?" 이럴 때 어떡해야 할까요?"

"뭔가 (-) 방향으로 Off-set 기능을 사용해야 할 것 같은데 명확하게 답변이 힘드네요. 어떤 것인가요?"

"거기서 사용하는 기능이 'Peak Selection'입니다. LID 커브 내에 여러 피크가 있으면 어떤 표면을 추종할지 고르는 것이죠."

"제가 광학을 아직 잘 모르긴 모르나 봐요. 광학적으로 그게 어떻게 가능한지 설명해 주실 수 있을까요?"

"예리하네요. 아니, 말해주신 것처럼 이것은 광학적인 방법이 아니에요. 연구소에 있는 소프트웨어 팀이 구현한 기능이랍니다. AFCB와 PC에 펌웨어를 개발해서 활용하는 기능이에요. 앤비젼에서는 광학 전문가로서 여러 솔루션을 개발하지만, 이에 못지않게 소프트웨어 팀에서도 많은 기능이 추가되어 있답니다. 이 정도면 애니가 AFM을 충분히 이해한 것 같아요. 기술설명은 이것으로 마치려고 하는데 궁금한 게 더 있을까요?"

"네 감사합니다. 오늘 가르쳐 주신 내용을 복습하면서 이해하는 과정이 더 필요할 것 같아요. 조금 더 자동초점 시스템에 대해 이해하면 궁금한 점을 정리해서 여쭤보겠습니다. 그리고 현재 앤비젼에서 보유하고 있는 자동초점 시스템 라인업이 궁금한데요. 고배율의 기준이 모호하다 보니 가지고 있는 라인업을 알려주시면 도움이 될 것 같아요."

"네! 그럼 마지막으로 보유 중인 라인업을 표로 보여드리겠습니다. 다음 시간에는 이미징 모듈인 레이저 산란 이미징 모듈에 대해 알려드리겠습니다. 고생하셨습니다."

카메라 : 16K TDI, 픽셀 크기 : 5μm
경사 조건(포커싱 성능) = 높이/스캔거리 = 20μm/50mm

배율 (x)	1.67	2.5	3.33	5.0	8.65
해상도 (μm)	3.0	2.0	1.5	1.0	0.58
DOF(심도) (μm)	20	15	10	5	3
최대 추종 오차 @포커싱 (μm)	5.0	4.0	3.3	3.0	1.5
샘플 속도 @포커싱 (mm/s)	1200	800	600	400	173

Autofocus Module
(자동초점 시스템)

시료가 움직일 때 이미지의 초점을 조절해 주는 모듈이에요. 한 문장으로 정리하자면 '시료가 이동할 때 이미지 초점이 나가지 않게 즉, 심도 범위 안을 유지할 수 있도록 광학계의 높이를 변경하는 모듈이예요.
AFS(Autofocus Sensor)에서 측정한 높이를 AFCB(Autofocus Control Box)를 통해 계산알고리즘 거치고, AFA(Autofocus Actuator)가 광학계를 움직이는 것이죠.

AFS
(자동초점 센서)

Autofocus Sensor 약자로 레이저 삼각법을 이용한 레이저 변위센서를 응용하여 높이 측정합니다. 검사 대상 표면에 레이저를 조사하고, 표면의 높이에 따라 변하는 레이저 위치를 계산하여 거리를 측정합니다.

AFCB
(자동초점 제어기)

Autofocus Control Box의 약자로 자동초점센서에서 측정한 높이를 계산 알고리즘을 거쳐 자동초점 스테이지로 전달하는 역할을 합니다. FPGA 기반으로 프로세서를 설계하고 제어 알고리즘을 구현하였습니다.

AFA
(자동초점 스테이지)

Autofocus Actuator의 약자로 AFCB에서 받은 데이터로 광학계의 높이를 변경할 수 있습니다. 정밀가동 된 기구와 정밀모터를 사용하여 광학계의 위치를 조정합니다.

추종	'반응하여 따라간다'를 뜻합니다. AF를 동작하더라도 너무 큰 높이 차이가 있는 시료에서는 대응하지 못할 수 있습니다. 시간당 높이가 급격하게 변하는 환경일수록 큰 추종력이 요구됩니다.
LID커브	Light Intensity Distribution. 측정된 시료의 높이와 반사도, 경향을 모두 볼 수 있는 그래프입니다.
Off-set	시작점을 다르게 하는 것을 말합니다. Autofocus를 동작할 때, 시료 표면이 아닌 특정 높이를 보고 싶을 때 사용하는 기능입니다.
Peak Selection	시료가 투명한 여러 겹으로 이루어져 있을 때, 초점을 맞추고 싶은 Layer를 선택할 수 있는 기능입니다.

레이저 산란 모듈?

"이번 시간에는 앤비젼에서 개발한 레이저 산란모듈에 대해 설명하도록 할 게요. AFM(Autofocus Module)과 마찬가지로 레이저 산란모듈을 사용 해야하는 조건을 먼저 설명하려 하는데요. 우리가 흔히 '검사를 한다'라고 하면 애니는 어떤 것들이 떠오르나요?"

"제일 먼저 떠오르는건 먼지 같은 이물 검사에요. 또 깨짐이나 스크래치가 있을 수도 있고, 눌림이나 패임이 있을 수도 있겠네요. 또 설계대로 그려졌 는지 확인하는 치수 검사도 있어요."

"네! 맞아요. 잘 알고 있군요. 레이저 산란 이미징 모듈은 그 중에서 'Bare Wafer 위의 이물 검사'에 주목해 볼 거예요. 아마 'Bare wafer'라는 단어 도 처음 들었을 것 같은데요. 반도체에 패턴이나 구조를 올리기 전 매끈한 상태의 Wafer라고 말할 수 있어요."

"네. 그러면 Bare wafer에서의 이물 검사는 아무것도 없어야하는 Wafer 위의 먼지나 입자들이 있는지 확인하는 일이겠네요."

"정확합니다. 여기서 한 가지 물어보고 싶은 것이 있어요. 이물을 우리가 검출해 냈다고 생각해 봅시다. 그러면 우리가 이물의 크기도 알아야 할까 요?"

"막상 결함을 검출하고 나면 그 크기도 궁금해질 것 같아요. 하지만 '검출' 자체에 초점을 둔다면 그럴 필요는 없을 것 같은데요."

"맞아요. 제일 처음 알아야 할 개념이 '검사'와 '측정'의 차이에요. 애니가 말한대로 치수 검사를 한다면 중요한 것이 길이나 크기죠. 하지만 이물의 유/무만 확인하는 이물 검사라면 그렇지 않아요. 아래 그림처럼 해상도가 1μm인 광학계로 Bare wafer의 이물을 검사한다고 생각해 볼게요. 그러 면 이물이 없어야 하는 것이 정상이지만 안타깝게도 이물이 있을 수도 있 죠. 그 크기는 다양할 수 있구요.

1μm만큼 해상도를 가졌으니 1μm보다 큰 이물은 충분히 상상할 수 있지요. 하지만 1μm보다 작으면 어떻게 될까요? 가운데 있는 그림처럼 센서가 차지하는 면적을 전부 가리는, 1μm크기의 이물이라면 검게 나올 것이 분명하죠. 하지만 그 크기가 작아질수록 이물의 밝기와 시료의 밝기값이 섞여진 형태로 나오게 될 것이에요. 여기까지 따라오는 데 문제 없겠죠, 애니?"

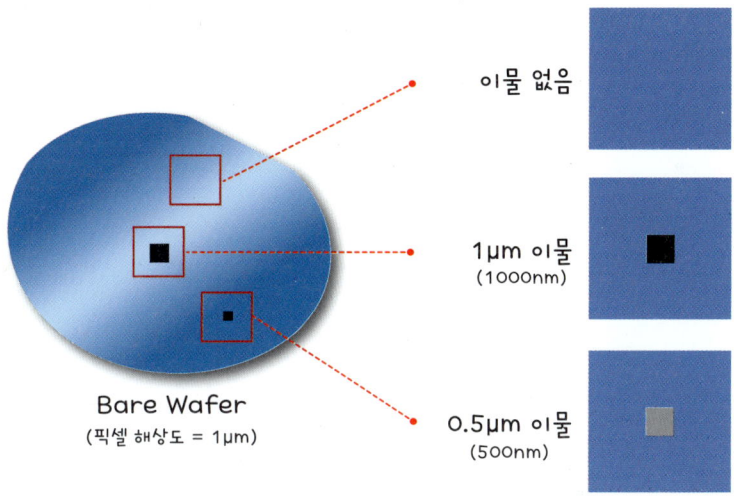

"네 괜찮아요. 그런데 제가 찾아보기로는 저런 검사는 다크 필드 조명으로 검사하면 간단히 할 수 있지 않을까요?"

"네! 맞아요. 레이저 산란모듈도 비슷한 원리를 사용하고 있어요. 애니가 공부한 다크 필드 조명은 어떤 특징이 있었죠?"

"음… 각도를 많이 기울여서 조명한다는 것이 기억에 나구요. 테두리가 잘 보인다는 것이 기억이 나요."

"혹시 LED를 사용한다거나 광량이 많이 필요하다는 이야기도 들어봤나요?"

"꼭 LED를 사용해야 한다는 이야기는 들은 적이 없는 것 같아요. 광량은 당연히 Bright field나 동축 조명보다는 많이 필요할 것이라고 생각하긴 했습니다."

"네 좋습니다. 이 점을 감안하여 레이저 산란 이미징 모듈을 이해하면 더 쉬울 것 같아요. LED와 다른 레이저의 특징 중에 '강한 밝기'라는 특징이 있습니다. 그래서 LED로 다크 필드를 조사할 때보다 더 강한 빛을 조사할 수 있습니다. 더 강한 검출력을 가질 수 있다는 것이 특징입니다."

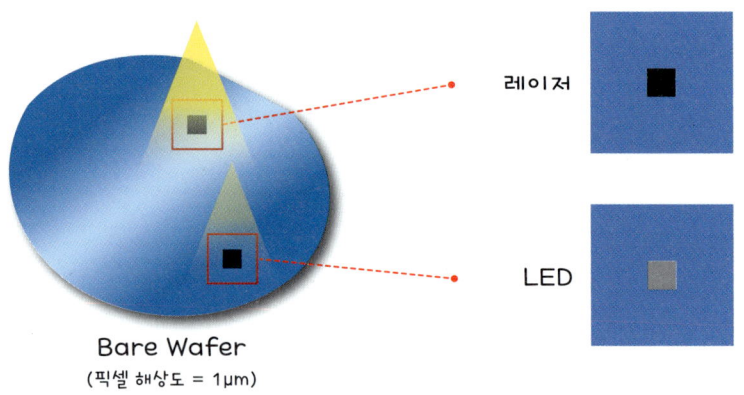

Bare Wafer
(픽셀 해상도 = 1μm)

"위 두 개의 그림을 보니 확실히 이해가 가네요. 그래서 '산란'이라는 단어를 사용하는 거군요. 자동초점 시스템 설명때도 말씀해 주신 것처럼 레이저 산란 이미징 모듈의 구성도 알려주실 수 있을까요?"

"네! 뉴스로 들었을지 모르겠지만 레이저 산란 이미징 모듈은 국책과제를 통해 개발된 제품이에요.

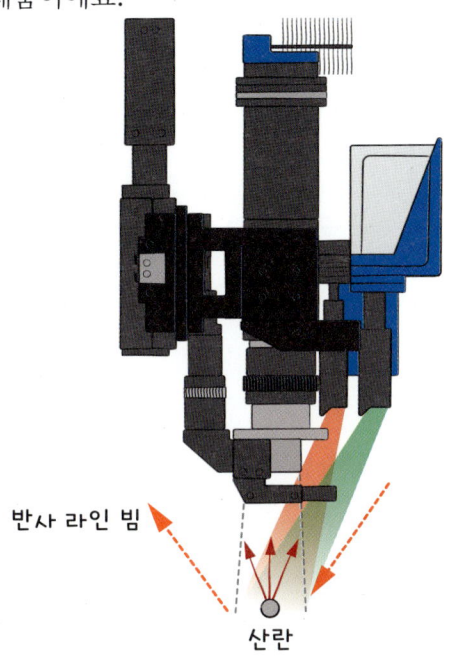

반사 라인 빔

산란

그래서 여러 개의 제품 조합으로 이루어져 있는데요. 레이저 산란 모듈은 작은 이물을 보기 위한 고배율 광학계가 필수적으로 필요해요. 그리고 고배율하면 떠오르는 솔루션인 AFM도 필요하겠죠. 그리고 동축 조명에서 결상력을 강화시킨 NCM조명계도 포함되었습니다. NCM 조명계는 Numerical Aperture, Chief Ray Angle Matching 조명계라는 뜻으로 렌즈의 최대 수용 각도인 NA(Numerical Aperture)와 조명계의 최대 발산 각도인(Chief Ray angle)을 동일하게 설계한 조명이에요. 원하지 않은 고각도 빛을 제거했기 때문에 이미지 퀄리티가 더 좋답니다. 그리고 라인 스캔을 위해 라인 레이저 조명시스템이 필요하구요. 생소할 수 있겠지만 파장별 Crosstalk이 없는 Multifield3 카메라도 사용합니다."

"파장별 Crosstalk이 무슨 말인지 알 수 있을까요?"

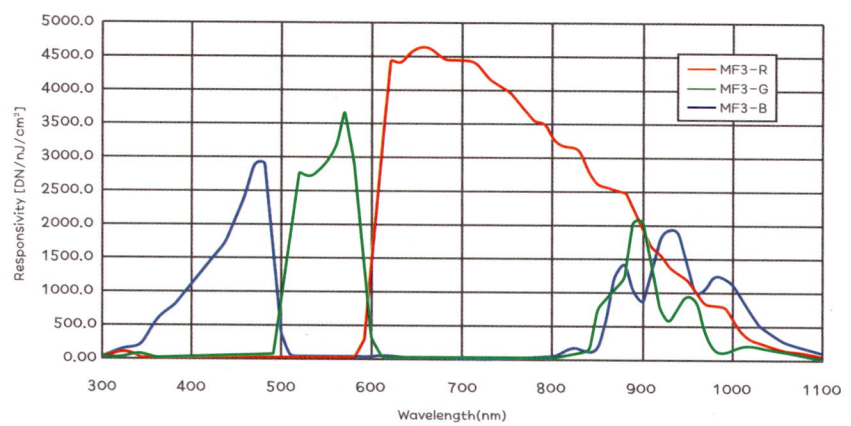

"우선, 모듈이 사용되는 Bare wafer 검사 상황을 상상해봅시다. 아무 패턴이 없는 Wafer를 스캔하는데 다크 필드 레이저만 사용한다면, 촬영하고 있는 영역이 Wafer 위인지, 빈 공간인지 구분하기 불가능하겠죠? 또 레이저가 시료 위를 잘 초점을 잡고 있는지 확인하기 위해서도 동축 조명이 필요합니다. 그래서 동축 조명도 사용해야 하고 레이저 조명도 사용해야 합니다."

"네! 그러면 여러 번 스캔해서 이미지를 획득해야 하겠네요."

"그런데 여기서 재미있는 솔루션이 있는데요. 빨간색은 레이저, 녹색은 또 다른 레이저, 파란색은 동축 조명을 사용하면 한 번 스캔 만에 세 가지 정보를 얻을 수 있겠죠?"

"음… 그러면 그냥 하얗게 나오지 않을까요?"

"그렇게 생각할 수도 있겠지만 Red, Green, Blue를 독립적으로 분리하면 서로 다른 세 가지 이미지를 동시에 획득할 수 있습니다. 여기서 Crosstalk의 개념이 등장하는데요. 만약 동축 조명으로 사용한 조명이 어중간하게 청록색이면 어떻게 될까요? 파란 빛은 동축으로 분류되겠지만 섞여 있는 녹색 빛은 이미지가 동축 조명에 의한 것인지 레이저 때문인 것인지 구분하기 힘듭니다. 카메라에서도 이런 현상이 있는데 이것이

Crosstalk예요. Multifield3 카메라는 레이저 조명과 동축 조명을 정확하게 분리하기 위해 센서의 Crosstalk이 거의 없는 카메라라고 이해하시면 됩니다."

"이부분이 레이저 산란 이미징에 제일 중요한 부분인가 보네요."

"사실 Multifield3 카메라만 이야기하더라도 더 오랫동안 이야기할 수 있을 것 같아요. 그래도 걱정하는 만큼 Multifield3 카메라가 제일 핵심 요소는 아닙니다. 라인 레이저 조명시스템을 다크 필드 조명 개념과 연관 지어 생각하시는 것이 제일 중요합니다."

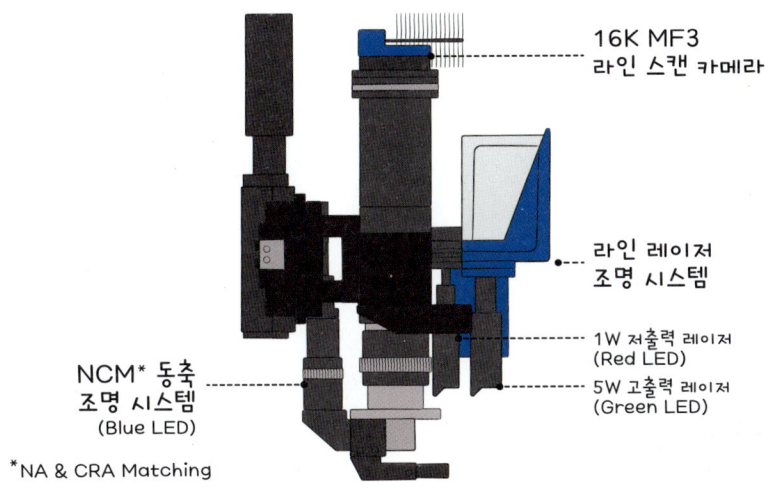

"레이저 산란 이미징 모듈이 아직 익숙하지 않을 거라 생각해요. 어렵겠지만 그림처럼 어떻게 구성되는지 이해하고 왜 필요한지, Bare wafer 이물 검사 어플리케이션에서 어떻게 적용되는지 이해하는 게 더 좋을 것 같습니다. 다음 시간에는 3면 광학계와 Inside 360 광학계를 설명하겠습니다. 이제 어려운 내용은 다 끝났으니 조금 마음을 놓아도 좋겠습니다."

| 레이저산란모듈 | 작은 이물을 검출하기 위해 개발된 모듈입니다. 고배율 렌즈에서도 볼 수 없을 만큼 작은 이물을 레이저 조명을 이용하여 볼 수 있게 도와줍니다. 다크 필드 조명과 비슷한 컨셉으로 이해할 수 있어요. |

| 레이저 | LED에 비해 강한 광량과 직진성을 띱니다. 광학계로 Line Beam을 만들어 높은 에너지 밀도로 시료에 조사됩니다. |

| 측정 vs. 검출 | 측정은 그 결함(사물)의 길이를 측정하는 것(Metrology)이며, 검출은 결함 혹은 사물의 존재 여부만 구분하는 것입니다. |

NCM 조명계   Numerical Aperture, Chief Ray Angle Matching 조명계입니다.
렌즈의 수용최대각도인 NA(Numerical Aperture)와 조명계의 최대 발산
각도인(Chief Ray angle)을 동일하게 설계한 조명으로 원하지 않는 고각
도 빛을 제거했기 때문에 이미지 퀄리티가 더 좋습니다.
(MTF에서 이점이 있습니다.)

ultifield3 카메라   Red, Green, Blue 파장이 서로 간섭하지 않게 디자인 된 카메라입니다.
한 번에 여러 방식으로 검사할 수 있게 도움을 줍니다.
(Ex. 레이저-Red/Dark field-Green/동축-Blue)

 상하면, 옆면을 동시에 보는 이미징 모듈?

비비안은 레이저 산란 모듈 옆에 있는 3면 광학계를 가르키며 애니에게 설명하였다.

"애니! 앤비젼이 보유한 다른 광학 솔루션들도 소개해 줄게요. 자동초점 시스템과 레이저 산란모듈에서는 작아서 보이지 않던 것들을 보이게 해주는 것에 의의가 있죠. 그런데 사실 우리가 가진 문제점들이 모두 작은 것 때문에 생기는 것은 아닙니다. 바로 '비용' 때문에도 문제가 생길 수 있어요. 앞으로 설명할 3면 광학계와 Inside 360 이미징 솔루션은 이 '비용'과 관련이 더 높습니다. 예를 들면, 카메라와 광학계 3개가 필요하던 상면+하면+측면 검사를 하나의 모듈로 해결하는 3면 광학계 솔루션으로 비용을 줄일 수 있습니다.

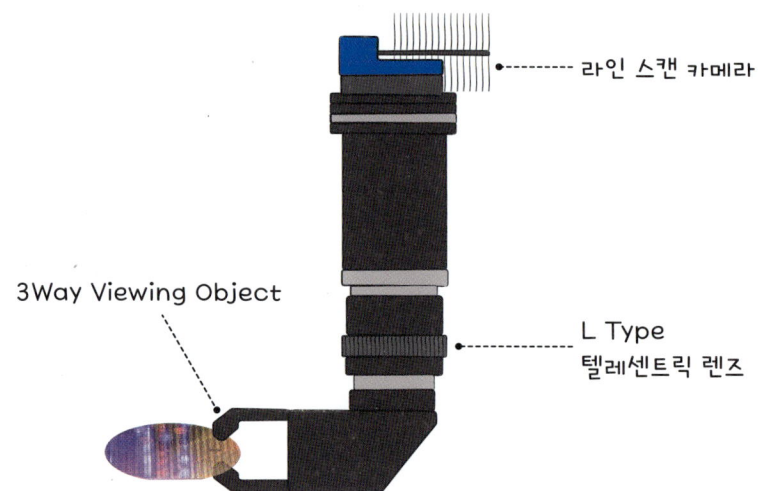

3면 광학계의 니즈는 시료를 자를 때 생기는 결함에 있습니다. 큰 원장 Wafer를 자르거나, 패턴이 새겨진 PCB를 자를 때 그 단면이 깨끗하지 않을 수 있습니다. 혹은 자른 단면에 해당하는 측면을 검사하는 것 또한 품질에 영향을 미칠 수 있습니다."

애니는 고개를 끄덕이며 비비안의 설명을 집중해서 들었다. 비비안은 다시 말을 이어나갔다.

"3면 광학계는 상면, 하면, 측면을 동시에 Line scan으로 촬영하는 광학 솔루션이에요.

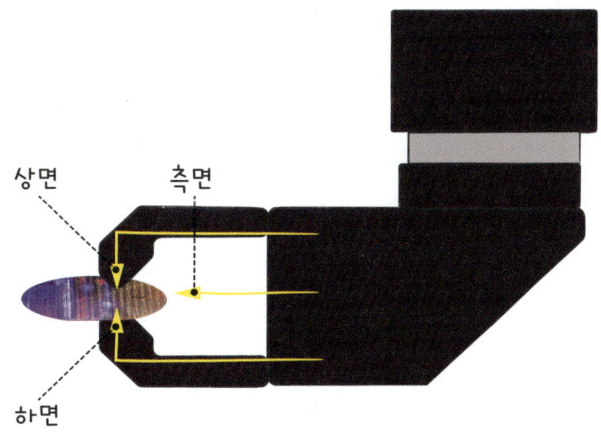

위 그림처럼 시료가 광학계를 통과할 때 카메라의 왼쪽부터 오른쪽으로 상면-측면-하면 의 순서대로 이미지가 맺히게 됩니다.

그리고 아래 그림처럼 조명이 Optical Fiber를 통해 시료에 전달됩니다. 이후 시료에서 반사된 빛들이 다시 거울을 통해 광학계로 들어오게 되는데요. 이때 중요한 요인 중 하나는 측면으로 조사되는 조명의 세기입니다.

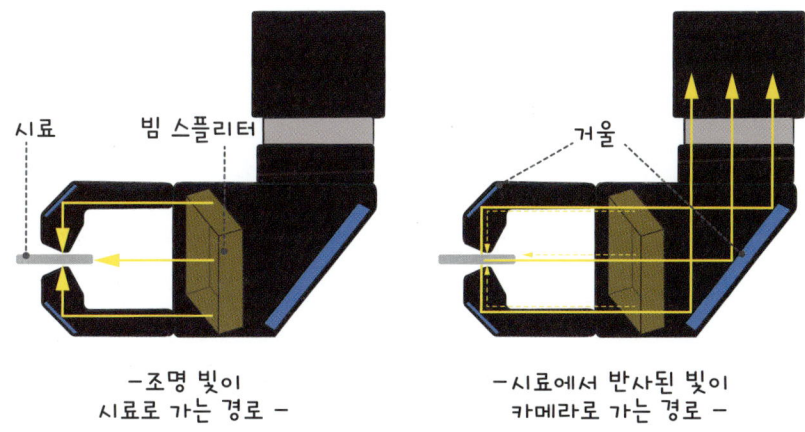

211

검사할 수 있는 시료 자체는 대체로 얇습니다. 측면광이 강해야 하는 근본적인 이유는 여기에 있습니다. 좁은 면적에 LED 광선을 쏘고 그 반사를 보기에는 에너지 밀도가 중요합니다(Flux의 개념). 시료에 따라 적정 광량이 다르겠지만 경험적으로 4,000lm 이상의 광량이 보장 된 소스타입 조명을 추천하고 있습니다."

 비비안은 3면 광학계를 가동시키며 실제 작동 과정을 보여주었다. 세개의 카메라가 빠르게 움직이며 대상물을 스캔했고, 화면에는 다양한 각도에서 촬영된 이미지들이 실시간으로 나타났다.

"정말 놀라워요, 비비안. 이렇게 정확하게 모든 면을 동시에 검사할 수 있다니!"

"그렇죠? 여기 보는 것처럼 실제로 실리콘 Wafer를 촬영하면 옆 그림처럼 세개의 면이 모두 촬영됩니다. 왼쪽에는 하면, 가운데는 측면, 오른쪽에는 상면 이미지가 촬영되게 되는 거죠. 그럼 현재 개발 중인 다른 모듈에 대해서도 알아보도록 해요."

 비비안은 미소를 지으며 애니와 함께 옆쪽으로 이동하였다.

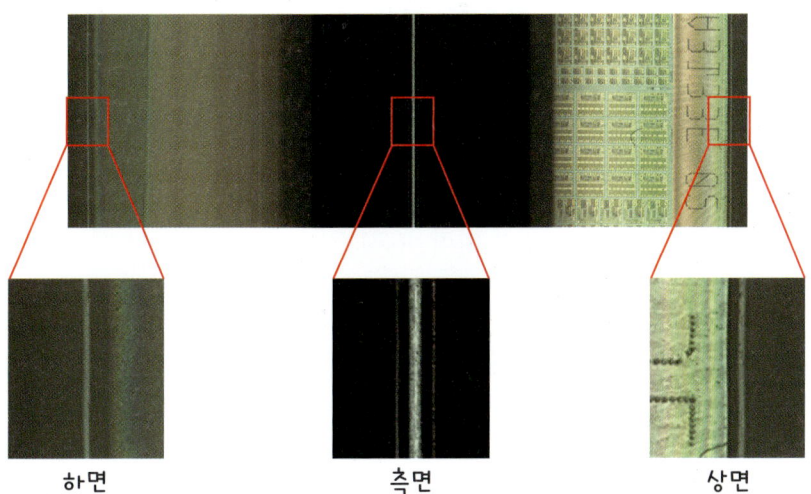

하면 측면 상면

 Inside 360° 광학계?

"지금 보는 광학계는 앤비젼에서 개발한 Inside 360 광학계예요. 이 광학계 역시 한장의 이미지로 여러 정보를 획득하는 솔루션입니다. 이차전지 시장이 커짐에 따라 4680, 2170 원통형 배터리를 타겟으로 만든 이미징 모듈인데요. 검사 니즈는 간단했습니다. 원통형 전지 내부의 이물과 덴트, 스크래치를 관찰하는 것이었습니다.

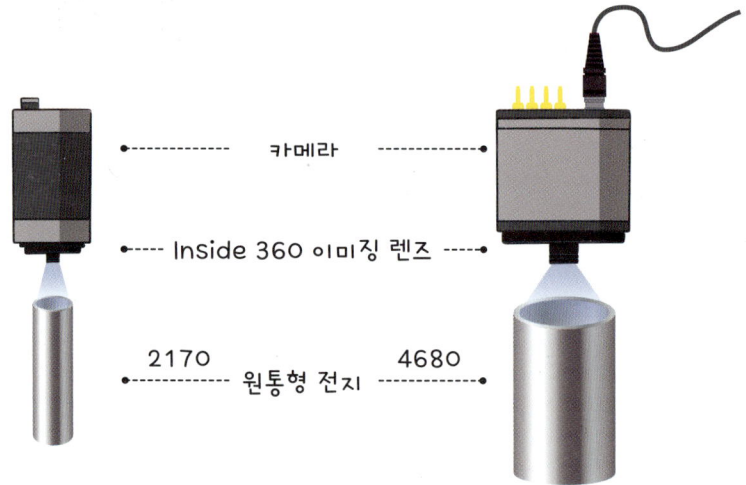

그런데 높이가 있는 원통형 전지를 검사할 때는 이전과 다른 문제가 있어요. 우리가 익숙한 일반적인 광학계를 사용한다면 전지의 바닥면만 검사할 수 있어요. WD가 정해져 있기 때문이죠. 우리 연구소에서는 렌즈를 직접 설계하고 제작해서 전지의 밑면도 초점이 맞고, 벽면도 초점이 맞게 디자인했답니다. 애니 표정을 보니 역시 백번 말하는 것보다 한 번 보여드리는 것이 좋겠네요. 여기 보이는 것이 Inside 360 렌즈입니다. 지금 바로 카메라와 렌즈를 결합해 시료를 찍어볼게요"

비비안은 그 자리에서 Inside 360렌즈와 Area카메라를 결합하고, 결합된 광학모듈로 4680 원통형 배터리를 촬영한 결과물을 보여주었다.

애니가 감탄하며 이야기하였다.

"우와! 어떻게 이런 결과가 나올 수 있는 거죠? 신기하네요."

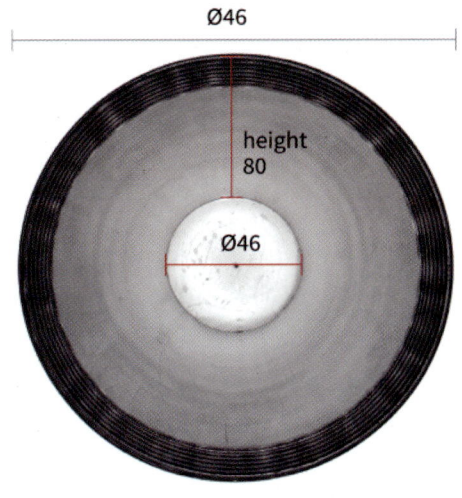

"애니! 재미있는 결과물이죠? 위 결과에서 확인할 수 있듯이 이 모듈로 찍으면 4680 원통형 배터리 윗부분에 있는 스크래치를 확인할 수 있고, 동시에 바닥면의 얼룩과 스크래치도 검사할 수 있죠. 이차전지 쪽에서는 유용하게 쓰일 수 있을 거예요!"

"바쁘신 와중에도 앤비젼에서 개발 중인 여러 모듈들을 자세히 설명해 주셔서 감사합니다. 저도 앞으로 고객들에게 제안할 때 이러한 모듈들을 통해 쉽게 결과물을 얻을 수 있도록 적극적으로 홍보해 볼게요!"

"애니! 앞으로 여러가지로 협력할 것을 생각하니 가슴 벅차네요. 참고로 앤비젼의 이미징 모듈 핵심은 바로 '통합'입니다. 다양한 광학 기술을 통합하고, 이를 통해 최적의 솔루션을 제공하는 것이죠. 이를 가능하게 하기 위해 저도 지속적인 연구와 개발을 하도록 할게요."

 두 사람은 서로의 손을 맞잡으며 앞으로의 협력을 다짐했다. 이미징 모듈 R&D 기술센터는 애니에게 큰 영감을 주었고, 앞으로의 프로젝트에 많은 도움을 줄 것이라 확신했다.

6장
머신비전 제품을 선정하는 방법

적용편

6장
머신비전 제품을 선정하는 방법?

　모든 신입 사원 교육이 끝나고 한달 후, 애니에게 선임 마크가 찾아와서 말했다.

"애니! 머신비전 프로젝트 검토 의뢰가 들어왔는데, 어플리케이션 엔지니어 데니의 도움을 받아서 테스트를 위한 광학계 검토 좀 부탁해요. 제품은 90×90mm의 얇은 동판이고, 표면의 스크래치와 이물을 검출해야 한다고 하네요. 장비 사이즈가 작아 200~300mm 이내에 설치가 필요하고, 검사는 Pixel당 50μm 해상도로 요청을 받았어요. 분당 600개의 제품을 검사해야 한다고 하는데 이에 맞는 가장 적합한 카메라와 렌즈, 조명을 검토해서 고객에게 전달해 줘요."

　애니는 처음 맡겨진 업무에 긴장이 되었지만, 곧 기대감에 차서 큰 소리로 대답했다.

"네, 알겠습니다!"

스크래치와 이물 검출을 위한 제품을 선정하라!

애니는 데니를 찾아갔다.

"데니, 마크께서 동판 스크래치와 이물 검사 의뢰 건을 주셨는데, 같이 검토가 가능할까요?"

"당연하죠! 우선 어떤 카메라를 사용하면 될지 선정을 해볼까요?"

애니와 데니는 먼저 카메라 사양을 검토하기 시작했다.

"우선 한 면의 길이가 90mm를 보는 영역을 한 픽셀당 50μm로 본다는 거니까 몇 픽셀짜리 카메라가 필요한지 알 수 있을 것 같아요. 그럼 90mm를 μm로 변환하면 90×1000 = 90,000μm가 되고, 이를 50μm로 나누면 몇 픽셀의 카메라인지 알 수 있겠죠?"

"그럼 실제 봐야 하는 영역은 제품보다 큰 FOV를 가져야 하니 계산된 해상도보다 큰 카메라를 선정하면 되겠네요."

애니는 계산을 시작했다.

"90,000μm를 50μm로 나누면 1800개의 Pixel이 필요하니까 최소 1,800×1,800 이상 되는 카메라가 필요하겠네요.

즉, 3.2M(3.2Mega pixel, 3,200,000개의 픽셀 수) 이상의 카메라 중에서

확인해 봐야겠어요."

"네, 카메라의 가로 해상도와 세로 해상도가 다른 경우가 많기 때문에 해상도를 주의해서 확인하면 좋을 것 같아요. 이제 대략적인 해상도는 구해졌으니 필요한 Frame rate를 확인해 볼까요?"

"네 데니 알겠습니다!"

다음으로 애니는 카메라의 촬영 속도를 계산하기 시작했다.

"분당 600개를 검사해야 한다고 했으니, 초당 10개, 즉 1초에 10장을 찍을 수 있는 카메라, 최소 10fps 이상 촬영이 가능한 제품이 필요하겠네요."

"그럼 제가 X: 1800 이상 Y: 1800 이상 되는 Sensor에 최소 10fps 이상이 되는 카메라를 찾아볼게요!"

애니는 회사 홈페이지를 열어 조건에 맞는 카메라를 찾기 시작했다.

여러 후보를 검토한 끝에 애니는 A7500MG20E 카메라가 적합하다는 결론을 내렸다.

브랜드	iRAYPLE
모델명	A7500MG20E
해상도 (Resolution)	5Megapixel
픽셀수 (가로×세로)	2448×2048Pixel
센서 종류 (Sensor)	Sony IMX264
센서 사이즈 (Image Circle)	11.01mm
센서 포맷 (Sensor Format)	2/3"
Turbodrive 프레임 레이트	-
프레임 레이트 (Frame Rate)	24fps
픽셀 사이즈 (Pixel Size)	3.45μm
인터페이스 (Interface)	GigE
크로마 (Chroma)	Mono
Readout Method	Global
다이나믹 레인지 (Dynamic Range)	60dB
센서 타입 (Sensor Type)	CMOS
마운트 (Mount)	C
제품 사이즈	29×29×42mm
제조사	iRAYPLE

이제 카메라가 결정되었으니 애니는 적합한 렌즈와 조명을 찾아보기로 하였다.

"필요한 배율을 살펴보면, 배율 = Pixel size/픽셀당 해상도인데, 제가 찾은 카메라의 픽셀 사이즈가 3.45μm니까 3.45/50를 계산하면 0.069x네요. 그리고 검토했던 카메라의 Mount는 C-mount이고, Sensor의 대각선 길이가 2/3"이니, 2/3" Image circle을 가지고 있는 C-mount 렌즈를 찾아볼게요."

애니는 앤비젼 홈페이지와 카탈로그를 확인하며 적합한 렌즈를 검색하기 시작했다.

"일단 검색된 렌즈들은 모두 2/3"를 만족하는 렌즈이고 0.069x를 지원하고 있어요. 이 중에서 제품 표면이 어두울 수 있으니 최대한 밝기를 확보하기 위해 F/#가 작은 렌즈, 즉 밝은 렌즈를 우선적으로 선별하면 F/2를 가진 렌즈가 좋을 것 같아요."

"애니, 처음하는 제품 선정인데 아주 잘하고 있네요. 이제 설치를 위한 공간을 고려해야 하니, WD(Working Distance, 작동거리) 조건에 맞는지도 확인을 해야 해요. 계산 공식을 통해 대략적인 WD를 알 수 있는데, WD = 초점거리×(1+1/배율)로 계산 할 수 있어요.

200~300mm 공간이라고 했으니, WD 250mm에서 우선 계산해 보면, 250 = 초점거리×(1+1/0.069)이므로, 초점거리는 16.1이 나오네요. 16mm 렌즈 중에서 선정하면 될 것 같아요. 하지만 계산된 WD는 실제 렌즈 설계치에 따라 조금씩 달라질 수 있으니 반드시 Datasheet를 통해 확인해 봐야 해요."

"데니, 사용 가능한 16mm 렌즈 자료를 보니, WD는 약 220mm가 되네요. 이 렌즈로 테스트를 진행하면 될 것 같아요."

브랜드	MH-M
모델명	MH1620M
초점거리	16mm
센서 사이즈 (Image Circle)	11.4mm
센서 포맷 (Sensor Format)	2/3"
조리개 범위	2.0~16
배율 범위	0.016~0.121x
작동 거리	300mm(0.0513x) 200mm(0.0750x)
마운트 (Mount)	C
제조사	iRAYPLE

"렌즈와 카메라를 선정했으니, 이제 조명을 검토해 볼까요?"

"제품의 상부 표면을 검사해야 하므로 Bright field 조명이면 될 것 같고, 이물 검사와 스크래치 검사를 위해서는 조명의 조사 각도가 중요할 수 있으므로 Dark field 조명이 더 적합할 수도 있겠네요. 전체 FOV를 커버할 수 있는 조명을 찾아봐야 겠어요. 조명의 종류 중에 링조명과 사각 바조명이 우선 테스트가 가능할 것 같아요."

애니는 여러 조명 타입을 검토한 후, 실제 시료의 불량 유형들을 테스트하면서 최적의 조명 타입을 선정했다.

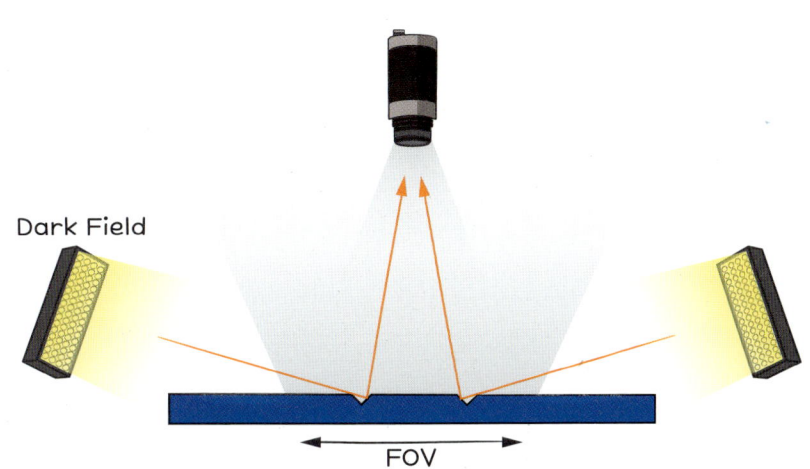

"잘했어요, 애니. 지금까지 검토된 내용으로 마크에게 전달하면 될 것 같아요"

애니는 최종적으로 선택한 카메라, 렌즈, 조명 사양을 정리하여 마크에게 보고했다.

"마크 제가 검토한 결과 A7500MG20E 카메라가 적합할 것 같습니다. 렌즈는 16mm 초점거리를 사용하면 WD가 230mm에서 촬영 가능하고, 조명은 링조명과 Dark field 조명을 사용하는 것이 좋겠습니다. 이 사양으로 테스트를 진행해도 될까요?"

마크는 애니의 보고를 듣고 만족스러운 미소를 지었다.

"잘했어요, 애니. 이대로 고객에게 전달합시다. 테스트 결과가 나오면 또 함께 검토해 보도록 해요."

 패턴 검사를 위한 제품을 선정하라!

앞선 프로젝트를 성공적으로 마친 애니는 선임 마크로부터 새로운 프로젝트를 제안받았다.

"이전 동판 검사는 애니 덕분에 잘 마무리가 됐네요. 고생 많았어요. 이번에는 조금 더 난이도 있는 Line scan 방식의 프로젝트가 있는데 한번 검토해 볼 수 있겠어요?"

애니는 고개를 끄덕이며 대답했다.

"네 알겠습니다! 우선 검토 조건을 알 수 있을까요?"

마크는 애니에게 프로젝트의 사양을 설명했다.

"검사할 제품은 패턴이 있는 가로 90mm, 세로 200mm의 PCB입니다. 제품이 올려진 Stage는 400mm/s로 이동 가능하고, 제품 표면에 약간의 휘어짐이 있을 수 있으니 검토 시에 꼭 반영 부탁드릴게요. 검출은 5μm 이상의 불량을 검출하려고 하니, 1.5μm 해상도로 우선 검토해 주세요."

"네, 검토 후에 사양을 전달드릴게요."

애니는 마크가 이야기한 사양을 다시 한번 정리해 보았다.

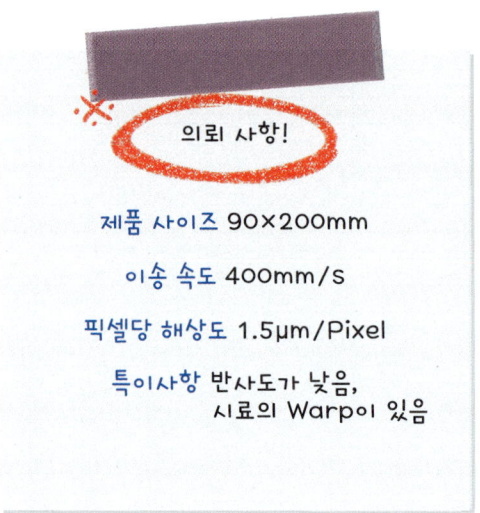

애니는 선정을 위해 제품의 폭이 90mm이고, 1.5μm의 해상도로 검사할 시 필요한 카메라 해상도를 계산했다.

'일단 제품의 폭이 90mm이고, 1.5μm의 해상도로 검사를 한다면 필요한 해상도는 90,000μm/1.5μm = 60,000pixel이니 16k 카메라를 사용한다면 60,000/16,384 = 3.67 이므로 4번 Scan으로 촬영이 가능하겠네.

이송 속도가 400mm/s이므로, 필요한 Line rate는 이송 속도/픽셀당 해상도 = 400,000μm/1.5μm = 266,666Hz = 267kHz의 속도면 문제 없겠어.'

애니는 앤비전 홈페이지를 사용하여 카메라를 검색했다. 여러 후보 중, 16k pixel, 267kHz Line rate에 대응되는 두 개의 카메라가 검색되었다.

'검색 된 1 Line sensor를 가진 일반 라인 스캔 카메라와 TDI 카메라 중에 선택하면 될 것 같은데… 1.5μm의 해상도로 봐야 하니 더 높은 감도(Responsivity)를 가진 카메라가 필요하겠네. 그럼 밝기를 높이기 위해 더 많은 Line을 가지고 중첩을 할 수 있는 TDI 타입의 카메라를 사용해야 겠군.'

- 일반 Line Scan 카메라 -   - TDI Line Scan 카메라 -

브랜드	Linea HS
모델명	HL-HM-16K30H-00-R
Number of Pixels	16384Pixels
Number of Lines	192
속도 (Line Rate)	300kHz
픽셀 사이즈 (Pixel Size)	5μm
인터페이스 (Interface)	Camera Link HS CX4
크로마 (Chroma)	Mono
감도 (Responsivity)	500DN/nJ/cm²
다이나믹 레인지 (Dynamic Range)	70dB
센서 사이즈 (Image Circle)	81.92mm
센서 타입 (Sensor Type)	CMOS
마운트 (Mount)	M90×1
제품 사이즈	97×140.5×78.6mm
제조사	Teledyne Dalsa

카메라를 선정한 애니는 이제 렌즈를 선택할 차례였다.

'카메라에 사용할 렌즈의 배율을 계산하면 카메라 픽셀 크기/픽셀당 해상도 = 5μm/1.5μm = 3.33x인 배율을 갖고, 카메라의 센서 길이인 82mm를 커버할 수 있는 렌즈만 찾으면 되겠네.'

애니는 홈페이지를 통해 Large mount인 3.33x 렌즈를 찾았다.

브랜드	Kelly-Diamond
모델명	1098084
배율 범위 (Magnification Range)	3.25~3.4 x
중심 배율 (Magnification)	3.33x
센서 사이즈 (Image Circle)	82mm
초점 거리 (Focal Length)	116mm
조리개 값 (F-number)	2.2~11
파장 (Wavelength)	Visible
Type	Fixed Focal Length
마운트 (Mount)	V90
제조사	Schneider

'이미지 서클이 82mm이고, 3.25~3.4x까지 지원하니 이 렌즈로 검토하면 될 것 같아!'

추가로 애니는 교육 받을 때 단렌즈의 경우 일반적으로 "카메라와 렌즈 사이를 이어주는 경통의 정보를 같이 제안해야 한다."라는 머피의 말이 떠올랐다. 애니는 회사 홈페이지에서 WD와 경통 계산을 해주는 계산기 서비스가 있어 추가로 사용했고, 설치 공간에 문제가 없는지 확인하였다.

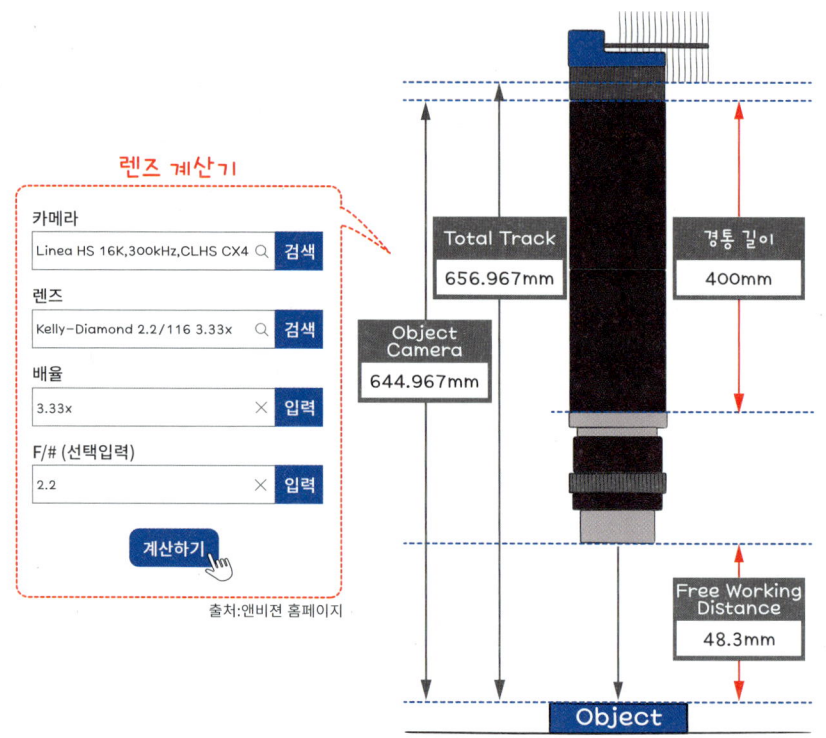

출처:앤비젼 홈페이지

"마지막으로 조명을 검토할 차례지"

애니는 컴퓨터를 바라보며 혼잣말로 되뇌었다.

"조명은 렌즈가 Beam splitter 타입으로 되어있으니 라이트 가이드와 소스 타입 컨트롤러를 사용해야 되겠네."

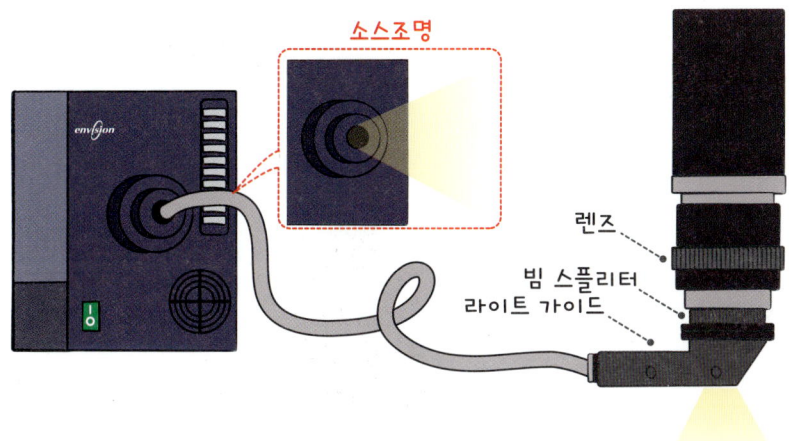

애니는 라이트 가이드와 소스 타입 컨트롤러를 선택 후, 데니에게 도움을 요청하기로 했다.

"데니. 이번에 새로운 프로젝트를 검토하고 있는데, 카메라와 렌즈 스펙을 고려해 조명은 소스 타입으로 선정했어요. 어떤가요?"

데니는 선정된 카메라와 렌즈, 조명들을 천천히 살펴보았다.

"오! 훌륭하네요 애니. 추가로 말하자면 조명 파장에 따라 패턴 이미지가 다르게 보일 수 있으니, RGB와 White, UV, IR 등 다양한 파장의 소스로 테스트해 보고 검사에 가장 적합한 조명을 찾는 것도 좋은 방법이죠."

애니는 제품의 휘어짐을 고려해야 한다는 마크의 말을 기억하고, 데니에게 질문했다.

"그런데 특이하게 시료에 Warp가 있다고 합니다. 3.33x의 고배율 렌즈를 사용해야 해서 DOF가 짧아 Focus에 문제가 있을 것 같은데 좋은 방법이 있을까요?"

"제품에 휘어짐이 있다면 AF를 사용하는 것이 좋겠어요. 비비안이 설명해 주었겠지만, AF는 시료의 높이에 따라 자동으로 초점을 Z축 위치로 조절 해 주기 때문에 제품 휘어짐으로 인해 높이가 달라지더라도 렌즈 심도 내에서 Working Distance를 유지하여 정확한 초점을 맞출 수 있어요. 이 기능을 통해 검사 정확도를 높일 수 있죠. AF 사양을 확인해 보고, AF와 결합하여 설치를 진행하면 좋을 것 같아요."

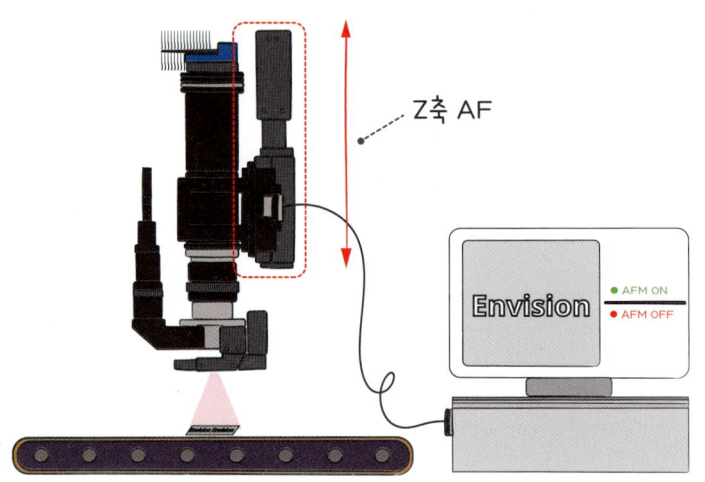

애니는 데니의 도움을 받아 AF 사양과 결합된 설치 이미지를 검토하며 최종적인 광학계를 구성해 나갔다. 애니는 최종적으로 선택한 카메라, 렌즈, 조명 사양을 정리하여 마크에게 보고했다.

"마크, 제가 검토한 결과 16k TDI 카메라와 3.33x 배율의 렌즈가 적합할 것 같습니다. 라이트 가이드와 소스 타입 컨트롤러를 사용하여, 다양한 파장대에서 이미지를 찍어보겠습니다. 그리고 휘어짐을 고려해 AF 기능을 추가하여 설치를 진행할 계획입니다. 이 사양으로 테스트를 진행해도 될까요?"

"잘했어요, 애니. 이대로 고객에게 전달합시다. 테스트 결과가 나오면 또 함께 검토해 보도록 해요."

마크는 애니의 보고를 듣고 만족스러운 미소를 지었다.

머신비전 비밀 노트 필진들의 따뜻한 말 한마디
OJT를 끝낸 애니, 그리고 신입분들에게 ★★

" 애니!
머신비전 업계에서의 새로운 출발을 진심으로 축하합니다.
낯선 개념들을 하나하나 학습하고 이해하느라 고생 많으셨어요.
이 책을 통해 얻었던 지식이 업무 현장에서 어떻게 활용될지 기대가 큽니다.

어려운 문제에 직면했을 때도, 당신의 긍정적인 마음가짐이 많은 도움을 줄 거예요. 문제를 해결하는 과정에서 즐거운 발견이 있을 테니, 그 순간들을 만끽하며 성장하시길 바랍니다. 또한 동료들과의 협업을 통해 새로운 시각을 얻고, 함께 더 나은 결과를 만들어 가는 것도 큰 기쁨이 될 거예요.

앞으로의 여정이 즐겁고 의미 있는 경험으로 가득하길 바랍니다.
자신을 믿고, 한 걸음씩 나아가세요.
항상 응원하겠습니다! "

앤비젼 양찬석 드림(카메라, 렌즈 파트 집필)

"애니!
빌리예요.

조명 둘러보느라 눈이 부셨을 거라고 생각해요.
비전검사에 조명이 어떤 역할을 하고 어떤 의미를 갖는지 잘 알 수 있었죠?

그렇지만 조명은 절대적인 스펙을 갖고 얘기하기 다소 어렵습니다.
만약 실제 검사 컨셉을 잡을 때 어떤 조명을 어떤 밝기로 어떤 각도로 쓸지 선정하기가 어려울 수 있을 겁니다.

앞으로 그런 문제를 갖고 앤비젼에 와주세요.
함께 논의해 볼 수 있으면 좋겠습니다.

잘 들어주셔서 감사합니다."

앤비젼 정용범 드림(조명 파트 집필)

" 자랑스러운 애니에게
언제나 하고 싶은 말이 많은 비비안입니다.
어려운 자동초점시스템을 포함해 여러 기술을 이해하느라 고생이 많았어요.
시간이 있다면 차근차근 알려주고 싶었는데, 시간이 허락해 주지 않은 탓에
급하게 말하게 되었네요.

 조금 까칠하게 설명한 것 같은데 눈감아 주시면 감사하겠습니다.
대신 다음에 또 물어봐 주시면 활짝 웃으며 답변해 드릴게요.

앞으로 앤비젼에 근무하며 몇 가지 제품이나 애플리케이션을 전문적으로
배우게 될 것 같아요. 좋은 기술들을 여럿 보유하고 있지만, 언제나 더 좋은
결과를 바라보는 개발팀도 있다는 것을 잊지 말아 주세요.
저희는 풀리지 않는 현장의 문제를 받아야 열심히 풀 수 있거든요.

확신하기 힘들겠지만 책을 읽으며 머신비전과 친해졌을 거예요.
아직도 헷갈리는 개념이 있거나 자세하게 알고 싶은 것이 있으면, 다시
읽어보셔도 좋고 언제든 다시 와 찾아주세요.
애니에게 설명하는 시간은 저도 신나거든요.

함께해주셔서 감사합니다. "

앤비젼 정세진 드림 (자동 초점 모듈, 이미징 모듈 파트 집필)

" 애니!

먼저, 이 책을 통해 머신비전의 세계에 첫 발을 내딛게 된 것을 진심으로 축하합니다. 다른 전공으로 시작한 당신이 머신비전의 개념을 이해하고 성장하는 과정을 함께 할 수 있어 매우 기뻤습니다.

3D 파트를 담당하면서, 이 분야에 대한 깊이 있는 이해와 실무에서 활용할 수 있는 지식을 전달하기 위해 많은 노력을 기울였습니다. 처음에는 생소하고 어려운 개념들이 많았지만, 하나하나 정리하고 설명하면서 저 또한 많은 것을 배울 수 있었습니다. 이러한 과정에서 많은 도전과 어려움이 있었지만, 그만큼 보람도 컸습니다.

이 책이 전문가로 성장할 수 있는 밑거름이 되기를 바라며 앞으로도 많은 도전과 성취가 있기를 응원합니다. 저도 계속해서 더 나은 지식과 정보를 전달할 수 있도록 노력하겠습니다.

항상 응원할게요! "

앤비젼 김우섭 드림(3D 모듈 파트 집필)

" 애니!

익숙하지 않은 분야라 생소하고 많이 어려웠을 텐데,
끝까지 포기하지 않고 잘해 주어서 고마워요!
이제 고객 제품 선정이랑 데모도 제가 도와주지 않더라도
혼자서도 잘해낼 수 있을 것 같아서 뿌듯하네요.
도움이 필요한 일이 있으면 언제든 얘기하세요.
어려운 일이 있으면 같이 풀어보도록 하죠.
배우시느라 고생 많았고 앞으로도 같이 즐겁게 일해봐요!

그리고 애니와 함께 머신비젼에 대해 같이 경험하신 독자분들께도
이 책이 그동안 어렵게 느껴졌었던 머신비젼에 대해 조금이나마
쉽게 가까워 질 수 있는 길이 되었으면 좋겠습니다.

읽어주셔서 감사합니다 "

앤비젼 이성일 드림(어플리케이션 파트 집필)

"여기까지 오느라 고생 많았습니다. 애니
첫 장 '머신비전의 구성 요소'부터 마지막 장을 덮기까지 저도 같이 달려보았는데요. 각 파트별 이론들과 함께한 그림들이 애니에게 많은 도움이 되었나요?

머신비전이 생소했던 애니가 제품을 선정하기까지 익혀가는 길에 보고 따라갈 이정표가 되기 위해 노력했습니다.

앤비젼에서 앞으로 다룰 머신비전의 전부를 담았다고 할 수는 없지만, 모든게 어렵게 느껴졌을 때 쉬운 개념부터 다시 풀어나가기 위해 꺼내보는 책이였으면 좋겠습니다."

앤비젼 조혜현 드림(머신비전 비밀 노트 디자인)

"애니!
처음 접하는 분야라 많이 힘들었죠?
저 역시 머신비전 업계에서 일하는 것이 처음인지라
오래 전에 받았던 OJT를 떠올리며 애니와 함께해 나가는 마음으로
이 책을 기획하고, 필진 분들께 많은 도움을 요청했던 것 같아요.

머신비전 비밀 노트가 애니를 비롯한 머신비전 신입사원분들에게 작은 등불이 되었으면 하는 마음입니다.

처음의 설렘과 어려움을 함께 나누며 이 책이 따뜻한 응원이 되길 바랄게요."

앤비젼 김하랑 드림(머신비전 비밀 노트 기획)

머신비전 비밀노트

초판 1쇄 발행 2024년 10월 18일

글쓴이 김우섭 이성일 양찬석 정세진 정용범
디자인 조혜현 이성일
기　획 김하랑

앤비젼 주소 서울특별시 가산디지털 2로 98, IT캐슬 1동 603호
앤비젼 메일 info@envision.co.kr

펴낸이 김병호
펴낸곳 주식회사 바른북스
등　록 2019년 4월 3일 제2019-000040호

바른북스 주소 서울시 성동구 연무장5길 9-16, 301호 (성수동2가, 블루스톤타워)
바른북스 전화 070-7857-9719

ⓒ (주)앤비젼, 2024
ISBN 979-11-7263-734-7 03560

파본이나 잘못된 책은 구입하신 서점에서 바꿔드립니다.
이 책은 저작권법에 따라 보호받는 저작물이므로 무단복제를 금지하며,
이 책 내용의 전부 또는 일부를 이용하려면 반드시 저작권자의 서면 동의를 받아야 합니다.